本书为国家社科基金项目“明清官话与闽语的接触研究”（17BYY011）系列成果之一

琉球官话课本三种

校注与研究

福建人民出版社
海峡出版发行集团
THE STRAITS PUBLISHING & DISTRIBUTING GROUP

图书在版编目（CIP）数据

琉球官话课本三种校注与研究/陈泽平校注．--福州：福建人民出版社，2021.5

ISBN 978-7-211-08565-1

Ⅰ.①琉…　Ⅱ.①陈…　Ⅲ.①汉语—对外汉语教学—史料　Ⅳ.①H195

中国版本图书馆 CIP 数据核字（2021）第 019333 号

琉球官话课本三种校注与研究

LIUQIU GUANHUA KEBEN SANZHONG JIAOZHU YU YANJIU

校　　注：陈泽平
责任编辑：陈稚瑶
出版发行：福建人民出版社　　**电　　话：**0591-87533169(发行部)
网　　址：http://www.fjpph.com　　**电子邮箱：**fjpph7211@126.com
地　　址：福州市东水路 76 号　　**邮政编码：**350001
经　　销：福建新华发行（集团）有限责任公司
印　　刷：福州德安彩色印刷有限公司
地　　址：福州市金山浦上工业区 B 区 42 幢
开　　本：787 毫米×1092 毫米　1/32
印　　张：7.25
字　　数：162 千字
版　　次：2021 年 5 月第 1 版　　2021 年 5 月第 1 次印刷
书　　号：ISBN 978-7-211-08565-1
定　　价：39.00 元

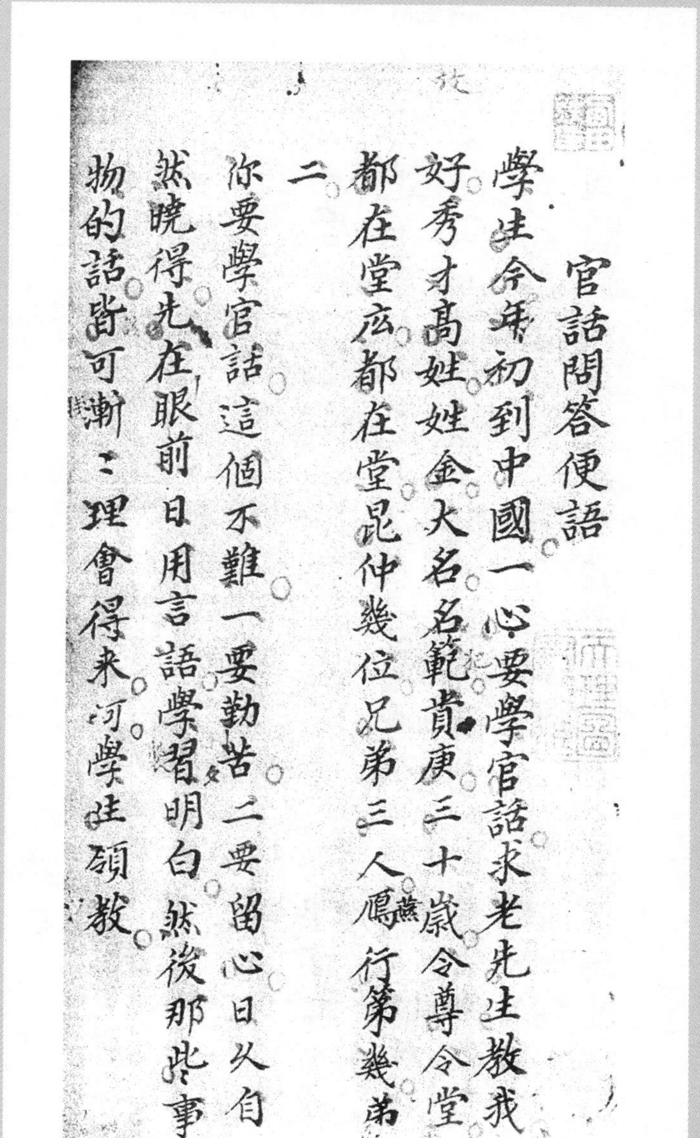

官話問答便語

學生今年初到中國一心要學官話求老先生教我好秀才高姓姓金大名名範貴庚三十歲令尊令堂都在堂麼都在堂昆仲幾位兄弟三人鴈行第幾弟二

你要學官話這個不難一要勤苦二要留心日久自然曉得先在眼前日用言語學習明白然後那些事物的話皆可漸漸理會得來河學生領教

老兄大駕到館弟未曾遠迎〻〻有罪說那裡話来
近聞知兄駕今年到敝地就要来奉候因有事務来
遲望乞恕罪豈敢弟一到中國離船進館行李安頓
未曾明白兼房屋漏損現在喚匠人修理停妥方欲
造府奉拜不期老兄先来看我使弟又愧又喜好説
請問令尊令堂都好否托福都好家父寄信問候老
兄不敢當老人家真〻有心請問尊兄是幾時在貴
國開船的弟是去冬在敝國下船〻〻開到馬齒山候

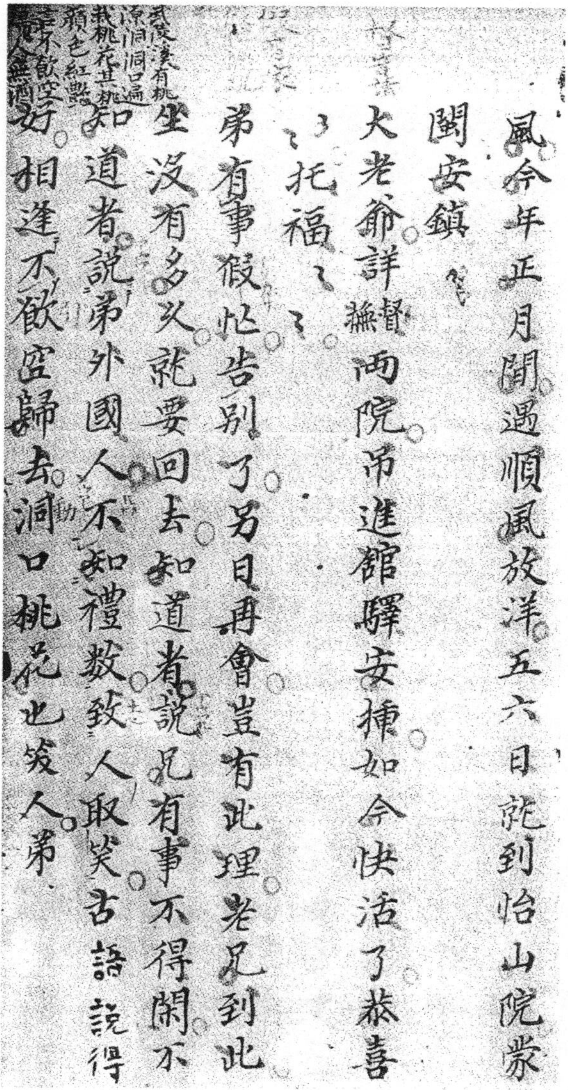

風今年正月閒過順風放洋五六日就到怡山院蒙
閩安鎮
大老爺詳督撫兩院吊進館驛安插如今快活了恭喜
〻〻托福〻〻
弟有事假此告别了另日再會豈有此理老兄到此
坐没有多久就要回去知道者說凡有事不得閑不
知道者說弟外國人不知禮数致人取笑古語說得
好相逢不欲空歸去洞口桃花也笑人弟

武陵溪有桃源洞洞口遍栽桃花其势顏色紅豔

《官话问答便语》书影三

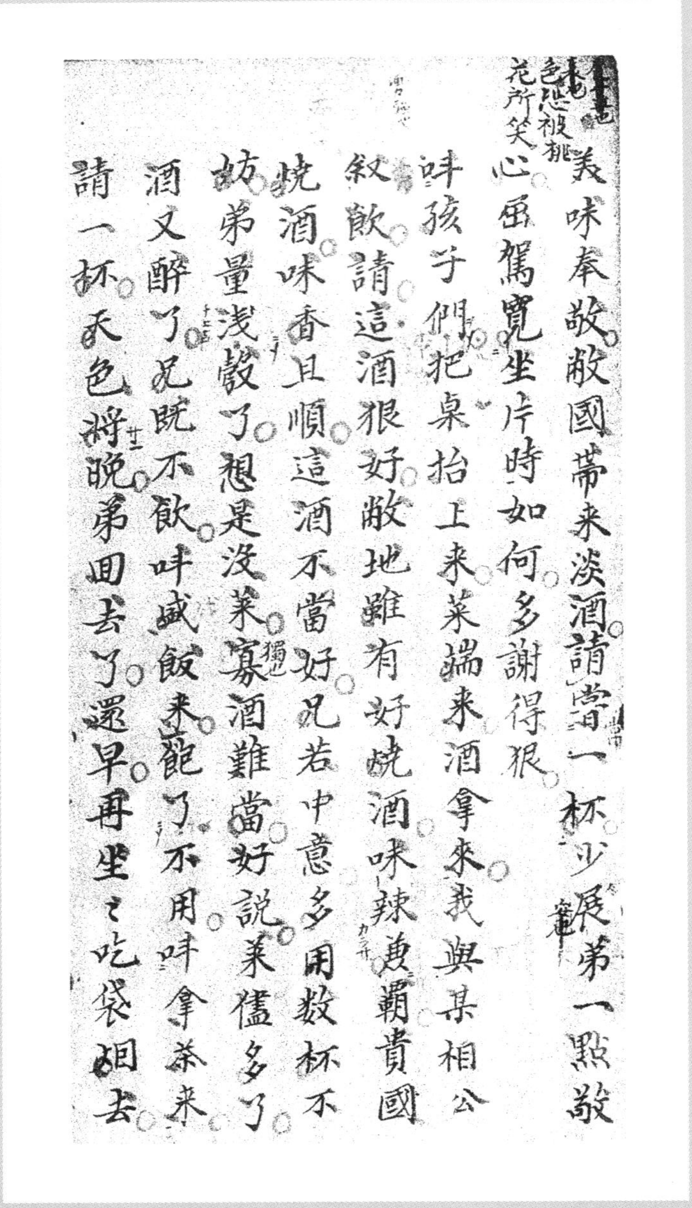
美味奉敬敝國帯来淡酒請嘗一杯少展弟一點敬
心虽駕寬坐片時如何多謝得狠
叫孩子們把桌抬上来菜端来酒拿來我與其相公
叙飲請這酒狠好敝地雖有好燒酒味辣夷覇貴國
燒酒味香且順這酒不當好兄若中意多用数杯不
妨弟量浅殻了想是沒菜寡酒難當好說菜儘多了
酒又醉了兄既不飲叫盛飯来飽了不用叫拿茶来
請一杯天色将晚弟回去了還早再坐々吃袋烟去

《官话问答便语》书影四

琉球官话课本语言的性质和特点
（代序）

一、琉球官话课本的来历

古代的琉球群岛以其特殊的地理位置，成为中国与日本、朝鲜以及南洋群岛之间贸易往来的海上枢纽。明洪武五年（1372），明太祖派遣杨载持诏谕琉球，同年十二月琉球国中山王察度派遣其弟泰期随杨载入明朝贡，自此建立起朝贡关系。这个关系一直延续到清光绪五年（1879）琉球被日本强占。

福州是明清两朝中琉交往的唯一指定口岸。“琉球进贡使团通常由百余人或数百人组成，抵达福州后安歇在柔远驿，小住一段时间，在福建地方官员的安排下，正副使臣及有关人员十几到二十几人北上进京，其余人员留在馆驿，从事贸易活动或学习各种技艺。等到来年使节南归福建后，再一同搭船回国。”①

在福州琉球馆学习的琉球留学生被称为“勤学人”，他们学习中国语言、文化和各种生产技艺，再回国传授他人。“勤学人”动身来华之前，要先学一些汉语官话，琉球民间使用过多种手抄的汉语官话课本。日本的学术机构十分重视收集这样的文献资料，并加以研究。濑户口律子教授著《琉球官话课本研究》（1994），将《官话问答便语》、《学官话》和《白姓官话》三种资料影印作为附录。复旦大学出版社于 2013 年出版的《琉球王国汉文文献集成》附编第三十三分册和第三十四分册也收录了这三种手抄课本的影印资料。

据濑户口律子、李炜（2004）的研究，《官话问答便语》应当作于 1703 年或 1705 年，《白姓官话》作于 1750 年，《学官话》作于 1797 年。木津祐子（2004）对这三种文献产生的确切年份有不同的考证，但也都在 18 世纪的范围内。

《官话问答便语》和《学官话》的内容有相关性，体例也大体相同。设置的对话情景基本上是琉球人来到福州，与福州的教师、官府有关人员以及周边商贩等的交际来往。交谈都从琉球学生初见教师的寒暄开始，通过一问一答，相互介绍琉球和福州的社会情况、风土人情等。《官话问答便语》的内容比较整饬，多半是连续几个话轮的情景对话。《学官话》中有较多只有一两句话的独白，也穿插编入一些现成的讲人生道理的文章片段。从内容就可以看出这两种资料都是福州的“对外汉语”教师为来华学习的琉球学生编写的实用口语教材。

① 谢必震：《福建文化在琉球的传播与影响》，《东南文化》1996 年第 4 期。

《白姓官话》的来历则有些特殊。该书原是在琉球接受海难救助的中国商人编写的，[②] 由一位琉球“勤学人”郑凤翼带到福州，“闽县老儒”林守超对之加以修订并写了一个序言，然后又被带回琉球，作为官话课本，流传后世。《白姓官话》通篇像是一个主要由情景对话连缀而成的纪实话剧，整体结构相当严谨。书中场景设在琉球，对话者是琉球的汉语通事与海上遇险漂到琉球的中国人，在一问一答中完整叙述了这样一个故事：山东登州府莱阳县商人白世芸租用一条苏州籍的船从事海运贩卖，遇风漂到琉球，得到琉球官方的救助，终于在第二年搭乘琉球派往中国的接贡船返回福州。对话中也穿插介绍琉球王国和福州的风土人情、社会制度等内容。《白姓官话》中所叙述的事件，包括船员朱三官染病死于琉球等细节，都可以在官方档案中得到印证。

这三种手抄教材都是只有问答形式的课文，连续排列，不分句段。既没有用19世纪西洋人编汉语教材时使用的那种语音描写或字母标音方法，也没有用中国传统的韵图或射标法等来说明音系。可以推想，当时的这种“对外汉语教学”的教学手段十分朴素，就靠师徒相授受，老师带着念课文，学生跟着模仿罢了。据日本学者六角恒广在《日本中国语教育史研究》中的介绍，直到明治三年（1870）日本外务省创办汉语学所培养汉语人才，使用的教学方法还是如此：“当时是既没有科学的方法也没有辞典和语法书的时代，除了完全把唐通事时代的东西照搬进汉语学所进行中国语教学外，没有其他道路。学生

② 木津祐子（2008）认为该课文底稿是琉球通事郑氏家族编写的，参见范常喜（2018）。

们亦把教师的讲述作为唯一的依据，以其为基准反复进行练习、掌握，之外没有别的方法。教师的讲述，好也罢，坏也罢，都像口传的一样被尊重。”③

这样学习一门外语当然是很困难的，特别是语音，即闻即逝，学生只能依赖传统的方法在手抄课本上做一些简单的标注来帮助记忆。琉球的官话教材上这样的标注有两类：

其一，课文上的每一个汉字都用发圈法标明调类，平上去入分别标在左下、左上、右上、右下四角，阴平阳平用圈号和点号区别，共有五个调。这个现象说明汉语的声调特性在教学中受到特别的重视。琉球学生学习汉语，声调既是重点，也是难点，这符合我们一般的经验。很明显，这些调号都是使用者后加的。

其二，有些字在书眉上以“直音法”注音，例如：“庵音安”、“俭音见”、“餐音参”、“钳音乾”、“奠音店”。有些同音字直接夹注在行间，紧挨着被注字。有的注一个同声韵不同调的字，再说明应读的调类，例如：“盆音烹下平”、“坦音堂上声”、“鸳音元上平”；但有时用不同调的字注音也不加说明，或是因为正文的每一个字已经都标上调号了。一般规律是用比较常用的字来注不那么常用的字，也就是用已掌握的字来给生字注音。既然当时还没有发明更好的注音工具，这是最方便的手段，大约是学生在听课时根据教师的提示或实际发音记录的。这样注出的同音字在《官话问答便语》中最多，《学官话》次之，《白姓官话》中最少。

---

③ 六角恒广著，王顺洪译：《日本中国语教育史研究》，北京语言学院出版社，1992年，第33页。

以下讨论琉球官话的特点和性质。讨论中用“琉球官话课本”统指这三种官话课本，如需要分指，一般简称“官”、“学”、“白”。本文所称“琉球官话”就是指这三种课本的语言，这也是学界对这个术语的一般用法。

二、关于琉球官话音韵特点的讨论

一般认为，明清官话分为南北两派。北京话是北方官话的代表，而南方官话的代表则是南京话。这里所谓的南方官话仍是个地域方言的概念，大致等于今天的江淮官话区。④

关于琉球官话音系的性质，六角恒广（1992）认为，在中国的明清时期，日本的“实用唐语”教学有长崎和琉球两个中心。“在琉球学习的是北京官话，或‘是以北京官话为中心’的北方官话，这一点与只限于与南方唐船进行贸易的长崎唐通事的唐话大不相同”⑤。濑户口律子（1994）则认为，《琉球课本》除了明显的闽语影响，主要反映了南方官话的特征。她的这个判断主要是根据声调特征做出的。课本中的标调反映出有五个调，平分阴阳，浊上归去，保留入声。把这个声调格局与詹伯慧《现代汉语方言》中各大方言的调类对照表进行对比，作者发现只有代表江淮官话的南京方言符合。李新魁先生在序言中表示赞同，认为这个结论“是相当有道理的”。

叶宝奎（2001）认为“仅仅根据声调来证明《白姓官话》是根据南京话来写的，理由是不充分的。……作为琉球人学习

---

④ 有些学者又从南方官话中再分出四川贵州一带的西南官话，兹且不论。

⑤ 六角恒广著，王顺洪译：《日本中国语教育史研究》，北京语言学院出版社，1992年，第283页。

汉语官话的课本，他所依据的应当是通行全国的汉民族共同语的标准音，而不是一地方言”⑥。所谓官话的标准音系统是以莎彝尊《正音咀华》、潘逢禧《正音通俗表》以及《罗马字官话新约全书》为代表的，与以北京音为代表的“北音”以及以南京音为代表的“南音”都有区别。

我们认为，平分阴阳、浊上归去是大多数官话方言以及南方方言的共同特征，从中不能得到什么定性的依据。古入声字的演化走向固然是判断一种地域方言系属的最重要的指标之一，但这里要讨论的不是一种从古到今自然演进的地域方言，而是作为第二语言习得的共通语变体，不能不考虑母语方言对这个共通语变体的影响。吴、闽、客、赣、粤等方言区的人说普通话都难改入声字读短促调的方言习惯，这是大家在“推普”工作中共同的经验。这样的“南方普通话”实际上都多出了这个短促的入声调。因此，入声调的存在也不足以证明琉球官话是学了南京音或“标准音”。

观察琉球官话课本的写本上的同音字注音，可以较全面地掌握琉球官话声母、韵母的特点。如果以《中原音韵》或《音韵阐微》为标准来对照，写本中很多同音字的选择是错的；而恰恰是这些似乎错配的同音字组，留给我们一个很有价值的窗口，可以从中观察当时的琉球“勤学人”从福州学回去的官话，究竟语音面貌如何。

“直音法”标音并不直接显示音值，但可以从同音字的选择中观察音类的分混。根据濑户口律子（1994）的分析，《琉球课本》有如下几点反映出官话特征：

---

⑥ 叶宝奎：《明清官话音系》，厦门大学出版社，2001年，第263页。

1. 全浊声母消失，变与清声母同音。

2. 微、云、以、疑四组相混，并混同于影组。

3. 知章两组混同。

4. 在细音韵母之前，见系声母与知组章组已经合流。

5. 止摄蟹摄的三等韵并为一类。

6. 三四等韵大面积合并。一些摄的一二等与三等合并。

7. 鱼虞韵合流。

以上罗列的这些特征，看不出哪一点是属于南方官话而不属于北方官话。相反，其中第四点，见系细音字声母腭化，却应该是当时北方官话的特点。

推断见系细音字声母颚化的证据是如下一些同音字组：

> 謦（整）、饥（知）、鞋（舌）、兮（诗）、希（诗）、曦（诗）、降（胀）、险（善）、钳（缠）、禁（正）、闪（闲）、针（今）、治（记）、针（金）、占（见）、朝（交）、绸（求）

见系细音字以知章组字注音，或相反，说明见系的喉牙音已经腭化为齿音了。我们也注意到，与见系细音字互注的精组字很少，写本中只找到“欠（前去声）”、“簪（讲上平）”两例，这可能说明琉球官话音系的尖团音仍然有别，至少是目标语如此。但18世纪的南京音见系声母尚未腭化。

日本学者长泽规矩也编的《唐话辞书类集》中有一本长岐“唐通事”的工具书《粗幼略记》。据编者推测，可能是日本明和期间（1764—1771）的作品。这正是琉球官话课本同时期的文献。《粗幼略记》的内容主要是当时中日贸易的货物名称等。每条词目的左右两侧都用日文假名注音，该书开头处写有“右注南京音左注福州音”。从这些假名对音可以清楚看出，当时的南京话见系细音声母都用キ、ヒ注音，与精照系的细音チ、シ丝毫不混。略举数例如下（假名转写为日语罗马字）：

锦绸 kin chiu　京青布 kin chin pu　交枝花 kiau chu hua　杭线 han shien

朽 hiu　机巧 ki kiau　沉香 chin hian　鞘皮 shiau pi

南京浦口人胡垣的《古今中外音韵通例》作于光绪十二年（1886），比琉球官话课本和《粗幼略记》晚了一个世纪，仍然说“金陵读坚沾尖分为喉齿牙三音”。见系细音字的声母还没有腭化。

南京话的见系细音字直到19世纪中期还没有腭化为齿音，因此可以推断，18世纪的琉球官话至少在这一点上，学习模仿的目标语是演进更快的北方官话。

此外，琉球官话的古疑纽字丢失鼻音声母，并入零声母一类，无疑也是北方官话的特征，而非南方官话。同音字组例如：

雁（燕）、艾（爱）、桅（为）、咬（要）

炎（言）、育（玉）、厄（讹）、延（言）、曰（月）

福建闽清人黄绍武编的《闽音正读表》于1919年由上海宏文阁印行。这是一部方便福州人查找“正读”字音的工具书，也可以看作是一份福州音系与官话“正读”的逐音节对照表。凡南北官话异读的音节都分别注出，形成对比。陈泽平（2005）对存在南北差异的字音做了系统的分析，结论是：“……官话的南北差异主要表现在声母方面。南音保留疑母（吾），北音中古疑母已经完全与影母合流，都读零声母。南音的见组细音字仍读舌根音，北音则已颚化为舌面塞擦音，北音的卷舌声母在南音中可能读舌叶音。”⑦ 至于声调，南北没有差异，都是五个调类，包含一个入声调。

三、从音韵特征判断琉球官话的性质

从琉球官话课本的同音字组观察其语音特点，令人印象深刻的不在于它与北京音或是南京音相似，而是它与福州方言音系的血缘关系。濑户口律子（1994）指出了以下几点：

1. 中古晓匣纽字与清唇音相混。例如：

灰（非）、滑（法）、荤（分）、互（付）、焚（红）、粪（混）、肥（回）、慌（方）

2. 齿头音声母与正齿音声母不分。例如：

斋（栽）、债（在）、舍（色去声）、稍（嫂）、祀（事）、嗣（士）、寸（春去声）、找（早）

3. 中古的日母字变读为零声母。例如：

乳（雨）、儒（予）、嚷（养）、演（染）、嬴（仁）、样（穰）、软（远）、饶（摇）

4. 中古的三种鼻音韵尾混而为一。例如：

零（林）、惭（藏）、腥（新）、鳗（忙）、贫（平）、尘（成）、坛（堂）、范（放）

5. 中古的三种入声韵尾也没有分别。例如：

协（歇）、察（插）、积（集）、历（立）、折（则）、屋（物）、癖（匹）、寂（集）

从这些突出的语音特征来看，琉球官话课本使用者实际上

⑦ 陈泽平：《〈闽音正读表〉的官话音系》，《福建师范大学学报》2005 年第 5 期。

学到的只是一种“福州腔官话”。就发音而言，大体上就是在福州方言音系的基本框架里套官话音节。在这个方枘圆凿的纳入过程中，音系大为简化：福州方言中存在而官话没有的成分可以舍弃，如疑纽［ŋ-］；而官话有、福州方言中不存在的音素却学不来，如日纽［ʐ-］和轻唇音［f-］。福州方言能分而官话不分的音类可以按对应规律合并，例如去声的阴阳两类；但官话中区分而福州方言不能区分的音类仍然相混，例如平翘舌声母和前后鼻韵母［-n］、［-ŋ］。琉球官话不能分卷平舌声母却能够清楚地区分尖团音声母，显然是因为后者存在可以利用的语音对应规律。除了这一点外，琉球官话音系的声韵调系统跟当时的福州方言韵书《戚林八音》所记的十分接近：声母包括零声母共 17 个，多了一套舌面音［tɕ-、tɕh-、ɕ-］，少了一个［ŋ-］；韵母系统阴阳入三分，阳声韵只有一种鼻音韵尾［-ŋ］，入声韵也只有一种塞音韵尾［-ʔ］；去声调和入声调都只有一类，不分阴阳。

至于保留入声调的问题，我们部分同意叶宝奎（2001）的看法，认为传统的“正音”观念起了作用。尽管《等韵图经》、《李氏音鉴》都清楚表明北京音系中入声已经不存在了，但由于区分平仄的需要，国语正音应该有入声的观念一直持续到 20 世纪初的“读音统一会”时期。1919 年的《闽音正读表》中，北音“正读”跟南音一样，都有一个入声调。

由于历史文化条件的限制，当时福州人学习官话在语音方面难以摆脱方言母语的强烈影响，刻鹄类鹜，但也形成了一套相对固定的音系特征。琉球官话课本写本的附注同音字显示，琉球官话音系从整体上说，既不是南京音，也不是北京音，更不是“通行全国的汉民族共同语的标准音”，而是福州腔的官话。琉球官话其实就是福州官话。

四、关于琉球官话词汇语法特点的讨论

濑户口律子（1994）大概已经意识到对同音字组分析的结果未必能支持她的南方官话的结论，所以在强调声调特征对判断音系属性的重要性之后，又在“结语”中谨慎地把琉球官话课本中的一些词汇语法现象推到前台，作为判断的主要依据：“我们之所以认为这三种官话有反映‘南方地区官话’的可能，主要是从所使用的词语和一些语法特点着眼。并且，这三种课本所加的声调符号，表明其有入声的存在，这就使我们更加倾向于认为它们所表现的官话，可能是流行于广大南方地区的官话。”⑧

木津祐子（2004）⑨ 从语法角度观察琉球官话的性质，分析了琉球官话语料中“不曾、可＋VP、爱、满”等几个虚词的用法特点，判断琉球官话课本的语言是清代“福建的官话”。

也有学者不太能接受“福州官话”或“福建的官话”的提法，认为琉球官话课本中所谓“受福州方言影响”的词语很多也见于其他方言，真正的闽语特征词却很少见；语法方面则与《红楼梦》、《儿女英雄传》等作品反映的“北方官话”有区别，反映了“南方官话”的特点。琉球官话可以看作是清代南方官话的“最小公倍数”。

---

⑧ 濑户口律子：《琉球官话课本研究》，香港中文大学中国文化研究所，1994 年，第 86 页。

⑨ 木津祐子：《清代福建的官话——以琉球官话课本的语法为例》，《“第五届国际古汉语语法研讨会”暨“第四届海峡两岸语法史研讨会”论文集》，2004 年。

我们认为，细致研究明清时期的官话，不仅要注意到北方官话和南方官话的差异，还要注意到笼统而言的“南方官话”其实包含了两个不同的概念：一个指以南京、南直隶为中心的江淮官话，另一个指的是“南方方言区的官话”。它是一种作为第二语言习得的中介语，与作为母语的当地方言并存。这两个概念的内涵很不相同，不能混为一谈。

方言差异在语音方面最为显著，第二语言习得过程中，母语方言语音特征的负迁移也最顽固。从陌生人的普通话口音中推断说话者的籍贯，是语言生活中的普遍经验。例如江浙普通话、广东普通话、福建普通话等，差别很大，这样的推断一般都错不了。上文从琉球官话注音的同音字组分析了琉球官话的语音特征，论证了它和福州方言的关系，应该也错不了。讨论琉球官话的性质，不能撇开其语音方面的鲜明特征。

全国普通话水平测试的经验表明，方言母语者的普通话语音规范水平与其词汇语法方面的差错率负相关：普通话语音比较标准的，词汇语法的差错就少；语音水平低的，词汇语法方面的毛病也多。当然，这里的“差错”、“毛病”都是相对于普通话规范而言的，其实不过是说话人不自觉带入普通话表达的方言母语习惯。以下我们再从琉球官话中提取一些词汇语法方面的例证，补充说明“琉球官话就是福州官话”这一看法。

五、词汇语法方面来自福州方言影响的例证

明清时期的官话虽为天下通语，却没有统一的规范。语音上如此，词汇语法方面更是如此。《白姓官话》的修订者林守超自称“闽县老儒”，他在《林先生校正序》中谈道：“天下言

语，各有不同，俱系土音，难以通行。唯有正音官话，可以通行天下。学习者唇喉齿舌，须当辨别清明，方得正音官话。”虽然这只是人云亦云的泛泛之论，却颇能代表当时社会对方言差异的一般认识水平：把方言等同于土音，把官话等同于正音，认为只要辨明“唇喉舌齿”就能说官话，方言与官话之间存在的词汇语法差异被完全忽视了。这样肤浅的认识必然会反映在士人学官话、用官话的实践中。

但既然是“说官话”，来自福州方言的词语都要用官话音来说出；尤其是编写成课本，还要能转写为通用汉字，落实在书面上。方言中特别土俗的词语往往包含难以转成官话音或写不出通用汉字的方言语素，那就只能进行语素替换，或寻找勉强对应的词语来表达。琉球官话课本的语言都经过了这样的书面化筛洗，所以我们不能指望从中找到很多所谓“对内一致，对外排他”的方言特征词。但通读琉球官话课本，可以发现有不少词语的用法很别扭，放在上下文中意思不很通顺，甚至很怪异，一些表达方式似乎在同时期的其他官话文本中很少见或从未见过，这些往往就是受到福州方言的渗透的表现。

第二语言词汇习得偏误中有一类叫作“词汇对等假设”，指学习者错误认为母语与目标语的词汇结构对等，机械类推。琉球官话中反映从福州方言机械类推的中介语偏误现象大致可分为以下几类：

1. 套用福州方言词。

方言中的一些常用词可能与某个汉字的语音对应整齐，词义与字义或字形似乎也有某种联系，或者就是本字，就套用在官话表达中。例如：

（1）邀

到初四日，我來邀你們出去看看，也好解解悶。（《白》11）

［按］上例中的“邀”如果以通语的“邀请”义来理解，句子的语序就显得很特别。正常的语序应该是“我来邀你们初四日出去看看”才对。其实例句中的“邀”是套用了福州方言词，意思是“领（路）”。以下两例中的“邀”也是“领（路）”的意思：

你要看，早早吃飯，我邀你同去。（《官》13）

我邀你去看龍舟，你去不去呢？（《官》29）

（2）霸

敝地雖有好燒酒，味辣兼霸；貴國燒酒味香且順。（《官》3）

［按］福州方言词“霸”［pa^5］作形容词用，有两个义项：①好，出色，棒。例如：伊读书野～（她学习很棒）。②（烟酒等）劲儿大。例如：“厦门高”真～，半斤就醉去（厦门高粱酒劲儿大，喝半斤就醉了）。

（3）滥

那些沒有丟的，也給海水打濫了。（《白》4）

［按］福州方言“湿”说“滥”［$laŋ^6$］。例如：衣裳沃～去（衣服淋湿了）。

（4）掇

回來時節往教場裡看大老爺考武舉：跑馬、射箭、掇石頭、拉硬弓、舞関刀。（《学》47）

［按］福州方言“掇”［$tauʔ^7$］：双手端（起）。例如：～椅（端椅子）/～花盆（端花盆）。上例中“掇石头”指举石锁，是考武举的项目之一。

（5）椗

也有桅篷，也有椗舵，船中器具一一齊全。（《官》32）

路上还有四個小島子，也没有抛椗灣船的地方。（《白》44）

［按］“椗”是福州方言俗字，同“碇”（《集韵》丁定切，“碇，锤舟石”）。旧时小木船用绳子系石头为锚。绳索称“碇索”，石块称“碇石”，下锚叫“拍碇”。《戚林八音》“宾字母”：“椗，船上具”。

（6）尽

錢鋪儘多，豈在我一鋪時價不等。（《官》9）

我省中好玩的所在儘多。（《官》34）

［按］福州方言词“尽”作为程度副词，相当于“很”、“非常”。例如：汝～客气（您很客气）/福州六月天～热（福州夏天非常热）。

（7）着

見你行事不着，就要說你，就要怪你。（《官》28）

這樣說狠着。（《学》24）

狠着狠着，一定是這樣舉行，一點也不錯的。（《学》28）

看有不着所在，自家更正。（《白》36）

有不着處，替弟改一改。（《白》57）

［按］北方口语中可以说“着”（zhāo），表示同意，但没有“不着”、“很着”（狠着）的说法。福州方言词“着”［tuoʔ⁸］（《广韵》入声药韵，直略切），有多个义项。作为形容词，表示“对，正确”。否定形式是“𫢗着”（不对），还可以加程度副词修饰，如“很着”（很对）。例如：总款做乍会～（这样做才对）/汝看会～𫢗（你看对不对）？

（8）车

那抬搁的故事就車起來。（《学》32）

用木架抬着車動，叫做“擡擱”。（《官》6）

［按］福州方言“车”可以作动词，“旋转”义。例如：面～过来（脸转过来）。

（9）桌布

腌臢你就拿一塊桌布來擦擦。（《学》41）

［按］福州方言的“桌布”指抹布。铺在桌面上的桌布叫“桌罩”。

2. 套用福州方言熟语。

熟语是固定词组，约定俗成地表达特定的意义。方言熟语逐字对译为通语，就破坏了熟语结构的整体性，字面上变得难以理解。例如：

（1）有钱的

去廟中掛號領文，都有錢的。（《官》35）

［按］福州方言“要付钱的”说“有钱其”，“免费”说“无钱其”。

（2）火烧房

講起那火燒房，那些人好可憐！（《学》30）

［按］房屋失火福州方言说“火烧厝”，山林火灾叫“火烧山”。

（3）五帝拿

遇相爭罵一聲“五帝拿”，這就是大大不好話。（《官》33）

［按］福州民俗信仰中的“五帝”是瘟神，福州方言的熟语“五帝搦”是一句诅咒，现一般仅是表达惊叹的口头禅。“搦”是“捉拿”的意思。

（4）喫不去

學生量淺，喫不去了。（《学》16）

［按］福州方言“𫈬去”［ma⁶ kho⁵］用在动词后做可能补语，表示容纳不了。例如：书读～就去做工（读书读不了就去做工）/米缸贮～（米缸盛不下）。书面文献中“𫈬”通常写为“不”。

（5）有七没八

講着话有七沒八，含含糊糊的。（《学》40）

［按］福州方言熟语“有七无八”：不七不八的，不像样的。例如：伊𫈬伙写，写嘞～（他不会写，写得很不像样）/《闽都别记》第三九九回：“所办酒食，～，那里会饱。”

（6）长短有算

我這裡有錢，帶得幾千文去。買了回來，長短有筭。（《官》22）

［按］福州方言“长短”指数量上的误差。“有”表示肯定。“长短有算”是福州话的一个熟语，承诺将有一个结算，多还少补。

（7）不是心思

如今年逼了，各人都不是心思。（《官》50）

［按］福州方言熟语“伓是心思”，指心烦意乱，忧愁。“思”当读去声。

（8）不好看相

若未曾停當，大人到那裡，你們慌手慌脚的，不好看相。（《学》17）

［按］福州方言熟语“伓好看相”，指丢丑，难堪。例如：好好劝汝伓听，着做嘞～（好好劝你你不听，非得要弄得很

难堪)。

(9) 大食大用

乱嫖乱賭,大食大用,只消三年兩載,把那些產業弄得罄盡,錢財空虛。(《官》47)

[按] 福州方言熟语“大食大使”泛指大手大脚地吃喝玩乐。“使”指“使钱(花钱)”。

(10) 鸡蛋蜜(密)蜜(密)的菢出鸡仔来

你不想那雞蛋蜜(密)蜜(密)的菢出雞仔來,你做的事人怕不曉得?(《学》45)

[按] 此句是转写福州方言俗语“鸡卵密密会出团”,字面意思是:虽然蛋壳无缝,但小鸡终究要破壳而出。意近于“纸包不住火”。

(11) 不赶

今日去,恐回來不趕。明日早早吃個飯去罷。(《官》34)

[按]“来不及”福州方言说“伓付”。“赶”对应福州方言词“付”[hou^5]:(时间)赶得上,来得及。例如:赶紧行固会~(赶快走还来得及)/𫧮~去了(来不及了)。

(12) 赚食

他不比那街坊上做道士,專與人祈禳賺食的。(《官》42)

[按] 福州方言词“趁食”[theiŋ^5 sieʔ^8],指谋生。用“赚”替换“趁”。

(13) 像打吊东西一样

連日沒有相見,心神恍惚,就像打吊东西一样。(《白》19)

[按] 福州方言词“拍遏”指“丢失”例如：锁匙～去（钥匙丢失了）。“拍”对应通语的“打”。“遏”的方言义是“落下”，替换为“吊（掉）”。“像打吊东西一样”就是文言的“若有所失”。

（14）生得好

官模又好，人又生得好，真真愛死人，好看不過的。（《学》32）

[按] 福州方言“生的好”已经词汇化，指漂亮。例如：者诸人团野～（这女孩子很漂亮）。

（15）半折

板邊有個半邊竹筒，半折靠在澡盆上，半折伸出板外。（《官》7）

[按] 福州方言词“橛”[khuoʔ⁸]：截儿。《广雅·释官》王念孙疏证：“凡木之直而短者谓之橛”。“半折”是“半橛”的语素替换形式，指“半截儿”。例如：电影乍看～（电影刚看了一半儿）。

3. 套用福州方言词义

有些词语从表面上看也是官话的常用词，但放在具体的上下文语境中，意义扞格难通，实际上是基于方言词的错误类推所致。还原为对应的福州方言词来理解，则怡然理顺。例如：

（1）仔细

——恐問得多，先生勞神。

——你不要仔細。誨人不倦，是先生本等。（《官》16）

他若是收便好；假如仔細不肯收，挑轉回來，可不是遭（糟）榻（蹋）了？（《官》43）

[按] 福州话不说“仔细”，对应的福州方言词是“细腻”

[sa^5 nei^6]，有两个义项：①小心谨慎。例如：开车一定着～（开车一定要小心谨慎）。②客气。例如：食去，莫～（吃吧，别客气）。两个义项之间有引申关系：所谓“客气”就是表现在人际关系、社交往来方面的小心谨慎。以福州话为母语者不能分离出“细腻”两个关联的义项，语码转换中将“客气”也类推成“仔细”。

（2）快活

這几天我們七八個大夥去皷山住了四五天，絶頂、喝水岩、白雲洞、平楚，那（哪）一塊不走到。玩到快活，昨日纔回來。（《学》2）

［按］通语中“快活”是“快乐”的意思，“玩到快乐”句法上不通。“快乐”是无界的性质形容词，不能做介词“到”的宾语。

福州方言有“透骹”[$thau^5$ kha^1] 一词。“骹”是闽语特征词，指“脚”。“透骹”是动宾结构，本义是“达到足底”，用于说明儿童患水痘、麻疹的病程：伴随危险的高烧，皮疹首先发于面部，然后在体表从上到下蔓延，最后达到足底，即“透骹”，然后病情开始好转。按旧民俗，此时家中要点香烛上供谢神保佑。“透骹”词汇化后，引申出三个义项：①快乐，快活。例如：日日有酒食，野～（天天有酒喝，很快活）。②舒服，自在。例如：逢事都伓使自家做，真～（所有事情都不用自己动手做，很舒服）。③尽兴，过瘾。例如：食酒就着食遘～（喝酒就要喝到过瘾）/固未客遛～，伓肯转去（还没玩够，不肯回家）。义项①②是无界的，义项③是有界的，即包含一个特定的“量”值，指痛快的感觉达到一个高目标值。这个有界的义项，是动宾结构“透骹”的本义残留。例（2）中的“快活”是方言词“透骹③”的不恰当对译。

（3）主顾

實價筭。我與你做主顧。（《官》9）

我和你們主顧家，時常來和你買，下遭補得你着的。（《学》18）

秤是小弟門頭，下遭還要做買賣，若称少了，不是打斷主顧了？（《学》31）

［按］福州方言词“扶家”［$phuo^{2}$ ka^{1}］，或作“铺家”，有两个义项：①指熟悉的老客户。②指交易双方一种长期稳定的互惠关系。以上三个例句中的“主顾”或“主顾家”实际上都是福州方言“扶家”的直译。“我与你做主顾”的意思是“我以后会长期照顾你的生意”。“我和你们主顾家”的意思是“我是你们的老客户”。“打断主顾”的意思是“断了生意往来”。

（4）主意

國中諸事都要由他主意。（《官》25）

看老爺如何主意，再來回覆你們。（《白》13）

［按］福州方言的“主意”有名词和动词两种用法。作动词，表示“拿主意”、“做决定”。例如：老王厝哩事计都是伊老妈～（老王家里的事情都听他老婆的）。以上两个例句中的“主意”都是动词用法。

（5）吃亏

看來還是病人吃虧，總不如自家保重為上。（《官》22）

［按］通语的“吃亏”指“遭受损失”，在零和博弈中，一方“吃亏”意味着另一方占了便宜。福州方言词“吃亏”［$kheiʔ^{7}$ $khui^{1}$］指“痛苦，难受”。例如：心间真～（胸口很难受）/伊这一世人都真～（她这一辈子都很苦）。上例中说“病

人吃亏”，显然指的是患病的痛苦，是福州方言词的词义。

（6）有心

——家父寄信問候老兄。

——不敢當，老人家真真有心。（《官》2）

——今日有個小事，要到城裡去走走。往貴府過，進来看看老兄。

——多謝，有心得狠。不知道去城裡有什庅公幹呢？（《学》26）

［按］通语的“有心”指“怀有一种想法”或“故意”的意思；福州方言词“有心”则特指人有念旧之心，重故人情谊。例如：伊真～，有转福州都有来看先生（他很念旧，每回福州都来看望老师）。

4. 套用福州方言词形

并列式名词两个语素的先后顺序只是个约定俗成的习惯，方言区的人按照自己方言习惯说，并不觉得有什么问题。例如：

（1）脚手

衣服雖穿得多，不見煖，脚手冷得要斷。（《官》48）

脚手若冷，弄個手爐脚爐烤烤。（《官》48）

［按］福州方言“手”与“脚”并列时说“骹手”［kha^{1} $tshiu^{3}$］，指四肢。

（2）闹热

他出行沒有定期……鬧熱也還好看。（《官》36）

這樣鬧熱的時景，我們也到街上並各廟裡去看看玩玩庅，好不好？（《学》32）

［按］福州方言“热闹”说“闹热”。

(3) 椅桌

椅棹上拿雞毛攩来攩一攩。(《官》13)

[按] 福州方言"桌"和"椅"并列说"椅桌",泛指室内摆设的家具。

(4) 名姓

若再問你去中國從那(哪)位先生,說起我名姓,連我先生也不好聽。(《官》16)

[按] 福州方言"姓名"说"名姓"。

(5) 低低大

他弄一把小刀,低低大的,藏在指甲裡。(《学》35)

[按] 方言的形容词、动词按照一定格式构成的"生动形式"有特定的表达功能,按母语方言形成的表达内容一时无法找到相应的通语表达手段,就直接将这种生动形式带入中介语。福州方言词"低低大",形容很小,不点儿。例如:者乇~,遏地下就毛块讨(这东西这么小,掉到地下就找不着了)。"低"是借音字,"低低"是形容词的叠音式前缀。

(6) 滚拢

(老鼠)幾個相打,滚攏一堆,嚱嚱叫,炒(吵)我睡不着,真真可惡。(《官》14)

[按] 福州方言的一部分单音节的动词可以拆分为两个音节,从而使单音动词所表示的动作行为更形象生动一些,这样兼有摹状作用的动词变形是动词的"生动貌"。音节拆分的规律是:原单音节的从声母到韵腹这一截作为第一音节,以[l-]拼原单音节的韵母为第二音节。第一音节变调,第二音节读原调。"滚拢"的后字"拢"应当是"滚"衍生的音节。

5. 套用福州方言的句法结构

以下举例都与某个（或某封闭类）虚词的用法相关，也是“词汇对等假设”偏误的表现。例如：

（1）“会＋V”

“会”表示做出某个特定行为的能力。今普通话里一般用“能”，例如：

不是做客，小弟量淺，實在不会喫了。（《白》49）

这個怎庅會辭得呢？（《白》47）

V是心理/感觉动词，肯定或否定某种性状。今普通话里一般不用助动词。例如：

這樣想去心裡自然就會寬了。（《白》7）

那個狠穀穿了，再不會冷了。（《学》29）

他若吃着就會死。（《官》14）

［按］其他明清白话小说的专书语法论著中似乎没有报告这样特殊用法的“会”。福州方言动词前的能性助动词“会”（本字“解”，胡买切）及其否定形式“𫄩”的情态语义丰富，以上两种用法都很常见。例如：伊真会食酒（他很能喝酒）/今旦𫄩清（今天不冷）。

（2）“有＋V”

這些書我們年年都有買的。（《官》11）

醫生可有說醫得醫不得呢？（《白》29）

［按］福州方言的“有”用在动词前表示对事实的肯定，构成所谓“有＋V”句。例如：我也有买（我也买了）/中昼有食（中午吃了）。

（3）“有＋V＋没有”

有出去外面玩玩、解解悶沒有呢？（《白》20）

有請醫生料理沒有？（《白》36）

[按] 福州方言“有+V”句的句末加“无”，构成“有+VP+无”的疑问句式，相当于普通话的是非问。例如：有食酒无（喝酒了吗）？/有遏雨无（下雨了吗）？

（4）“满+V”

你只管满看，曉得的不用說；不曉得的，對你講講，你就明白了。（《官》12）

满拿來給我看一看是怎庅樣寫的。（《白》48）

[按] 福州方言词的“罔”［muoŋ³］是“无妨”的合音，语音折合成官话的“满”。作为语气副词，表示：①随便，不太正式地。例如：～讲几句（随便说几句）。②姑且，凑合着。例如：无乇好食，～食（没什么好吃的，凑合着吃）。③表示无所谓，可以这样，也可以那样。例如：这出戏我看过了，有阵～介去看（这出戏我看过了，有伴也可以去再看）。

（5）“VV+的”

那天上飛飛的是什庅東西呢？（《官》45）

[按] 福州方言单音节动词重叠式后附结构助词“其”，构成定指性的名词性的单位“VV+其”，大致相当于普通话的“（所）……的”。例如：头先讲讲其许件事计（刚才所说的那件事情）/前蜀回去去其许间店很好（上回去的那家店不错）。

（6）“大/小+量”

我要用肉幾觔、雞一大隻、鮮魚兩尾……（《官》3）

進到大殿，正中上面坐着三寶佛，大大身的。（《官》17）

[按] 福州方言“大/嫩（小）”可以修饰量词（度量衡单位和动量词除外）。“大/嫩+量词”仍是一个形容词性的结构，可以受程度副词修饰；“大/嫩”还可以重叠。例如：只条裤野大条（这条裤子很大）/只把铁锤团恰嫩，大把其掏来（这把

锤子太小，大的拿来）/大大隻其包包带两隻（很大的包儿带两个）。此外，“身”也是福州方言特有的量词，专用于人偶的计量。

（7）“V＋便”

讲来趕早好去買，買便就好到山上去。（《官》3）

其餘還要酒、元寶、陰銀、錢紙、香燭等項，彙便叫人挑去。（《官》3）

等待明日初二，也買幾樣好味，修拾便便，僱隻船同你去看看。（《官》31）

我們往城裡過，買便帶去。（《官》34）

［按］福州方言中的“便”字除了“方便”义，还有“已经现成，随时可用”，即英语 to be ready 的意思，例如说：饭便了。其实《官话问答便语》中的“便语”就是这个意思，指“现成的语句”，学了马上就可以用。“V＋便”构式是以“便”作谓核动词的补语，表示准备停当。“买便”就是“买好放在那儿备用了”。做补语的“便”还可以重叠表示强调，例如：煮便便等汝转来（都煮好了等你回来，马上可以吃）。

（8）复合数量词首位的“一”省略

你總是要添，也罷，再加钱半银就是了。（《官》11）

［按］钱半：一钱半。福州方言复合数量词首位的“一”照例省略，例如：斤三（一斤三两）/尺八（一尺八寸）/千六（一千六百）。

从以上举例，不难看出琉球官话与福州方言在词汇语法方面的密切关系。

福州方言是汉语南方方言的一种，跟其他方言有复杂的共同存古、共同创新的关系，还有平行的演化和相互的接触，并且都受到共同语的影响和制约。在琉球官话语料中发现的与福州方言相关的特殊词语、特殊句法结构，个别地看，都可能在其他方言中发现相同、相通或类似成分。例如有的学者已经发现："滚水（开水）"也见于山西方言，"做节（过节）"、"自家（自己）"也见于山东方言，"捱（拖延）"也见于《醒世恒言》，"着（对）"也见于《粤语全书》，"礼数"、"拣选"也见于《红楼梦》、《儿女英雄传》等。上文所举的例子也是如此。但这么多的例子集中地与福州方言相关，足以形成我们对琉球官话基本性质的判断。读者可以从本书的注释中看到更多这类例子。

琉球官话当然有官话共性的一面，可以作为研究清代官话口语的资料，其特异性在于它是由福州教师传授的福州官话。在琉球官话课本中见到的特殊词汇、特殊构式和句法结构，比较合理的研究步骤是先联系福州方言寻求解释。例如前文分析的"邀"字，在例句中不能按照通语的"约请"义理解，而参照福州方言，作"领（路）"义来理解，就理顺了上下文的语义。其他方言中可能也有特殊的"邀"字，例如"邀"在闽南话是"生育、抚养"（～双胎）的意思；在闽北话是介词，相当于"跟、向、把"（～你话）；江淮官话有"驱赶"义（～蚊子）；冀鲁官话有"称重"义（论斤～）；中原官话有"绕道"义（～远了）。各地方言中的"邀"形同实异，甚至不一定同源，勉强去寻找所谓"最大公约数"则是舍近求远了。

六、结语

明清时期，作为社会共通语的"官话"是个模糊的概念。它是在统一帝国的行政系统运作和各地经济往来中自然出现的社会语言现象，也一直处在这种自然而不自觉的状态中，不像现在的普通话一样具有明确的内涵和法律地位。耿振声（1992）指出："官话的核心部分是比较稳固的，是人们共同承认的官话成分；官话的非核心部分有些游移不定，可以因时、因地、因人的观念有些变化。……不规范性、游移性是近代官话语音有别于现代普通话的主要特点。"⑩ 耿振声的这个结论是针对音系而言的，也适用于包括词汇语法在内的官话整体。

琉球官话就是清代的福州官话，是明清时期形形色色的南方方言区官话之一，分布区域与福州方言重合；又出于特殊的历史原因，传播到了琉球；其性质是一种作为第二语言习得的、与目标语（北京官话或南京官话）有一定距离的中介语。英国应用语言学家 S. 皮特·科德指出，第二语言习得过程中产生的中介语是一种"特异方言"（idiosyncratic dialet），有自己的系统和语法。⑪ 上文的举证分析可以说明，琉球官话课本的语言在语音、词汇、语法各个方面互相和谐，也具有一定的系统性。总体格局是官话，但处处都显示出福州方言的明确印记。

明清两朝都将福州作为中琉朝贡贸易往来的指定口岸。学官话、做汉语通事的琉球人基本上都是久米府（唐荣）的闽人移民后裔。琉球"勤学人"来福州，住在福州台江琉球馆；请福州的先生教官话，学各种实用技能；没有官方特许，不能离开福州。这些都是确凿的历史事实。中国的政治制度、经济生

---

⑩ 耿振声：《明清等韵学通论》，语文出版社，1992 年，第 121—122 页。

⑪ S. P. Corder，IDIOSYNCRATIC DIALECTS AND ERROR ANALYSIS，International Review of Applied Linguistics in Language Teaching，Volume 9（2），147—160，May 1971.

活、文化习俗，通过福州这个窗口传播到琉球，影响着琉球社会的各个方面。所谓“琉球官话”，其实就是福州先生教给琉球学生的“福州官话”。

琉球官话课本是珍贵的民间文献，具有多方面的研究价值。仅从语言学角度说，可以就其清代官话的共性进行研究，可以就其某些句法表现展开南北官话的对比研究，还可以从语言接触的角度，结合福州方言，更具体地讨论官话的闽语区的传播模式、使用特点以及中介语的变异规律。无论要利用这批文献做哪个方面的研究，理清琉球官话课本的语言中受福州方言影响的接触变异，正确地通读文本，总是一个必要先行的研究步骤。这是我们将本书付梓的动机。

主要参考文献：

长泽规矩也：《唐话辞书类集》，汲古书院，1969 年—1976 年。

陈泽平：《福州方言研究》，福建人民出版社，1998 年。

陈泽平：《试论琉球官话课本的音系特点》，《方言》2004 年第 1 期。

陈泽平：《〈闽音正读表〉的官话音系》，《福建师范大学学报（哲学社会科学版）》2005 年第 5 期。

陈泽平：《福州官话与福州白话》，《中国方言学报》第七期，商务印书馆，2017 年。

陈泽平：《再论琉球官话的性质》，《方言》2020 年第 2 期。

黄绍武：《闽音正读表》，上海宏文阁，1919 年。

范常喜：《百年来琉球官话课本研究综述与展望》，《域外汉籍研究集刊》第十七辑，中华书局，2018 年。

耿振声：《明清等韵学通论》，语文出版社，1992年。

濑户口律子：《琉球官话课本研究》，香港中文大学中国文化研究所，1994年。

濑户口律子、李炜：《琉球官话课本编写年代考证》，《中国语文》2004年第1期。

濑户口律子、左藤晴彦：《琉球官话课本语汇索引》，大东文化大学东洋研究所，1997年。

李丹丹、李炜：《琉球官话课本的"官话"性质》，《吉林大学社会科学学报》2008年第1期。

六角恒广著，王顺洪译：《日本中国语教育史研究》，北京语言学院出版社，1992年。

鲁国尧：《明代官话及其基础方言问题》，《南京大学学报》1985年第4期。

木津祐子：《清代福建的官话——以琉球官话课本的语法为例》，《"第五届国际古汉语语法研讨会"暨"第四届海峡两岸语法史研讨会"论文集》，2004年。

谢必震：《福建文化在琉球的传播与影响》，《东南文化》1996年第4期。

徐恭生：《琉球国在华留学生》，《福建师范大学学报（哲学社会科学版）》1987年第4期。

叶宝奎：《明清官话音系》，厦门大学出版社，2001年。

目录

校注说明

琉球官话的课本只有写本传世，收藏在日本的几家大学图书馆里。复旦大学出版社出版的《琉球王国汉文文献集成》和日本大东文化大学濑户口律子教授的两种研究专著的附录收录了这些写本的影印件。本书依据和参考的写本影印件包括：

1.《官话问答便语》。

天理大学附属天理图书馆藏写本《官话问答便语》，《琉球王国汉文文献集成》（第三十三册），复旦大学出版社，2012 年。

法政大学冲绳文化研究所藏写本《官话问答便语》，《琉球王国汉文文献集成》（第三十四册），复旦大学出版社，2012 年。

2.《学官话》。

天理大学附属天理图书馆藏写本《学官话》，《琉球王国汉文文献集成》（第三十三册），复旦大学出版社，2012 年。

天理大学附属天理图书馆藏写本《尊驾》，《琉球王国汉文文献集成》（第三十三册），复旦大学出版社，2012 年。

3.《白姓官话》。

天理大学附属天理图书馆藏写本《白姓官话》，《琉球官话课本研究》，濑户口律子，香港中文大学吴多泰中国语文研究中心，1994 年。

京都大学大学院文学研究科藏写本《白姓》，《琉球王国汉文文献集成》（第三十三册），复旦大学出版社，2012 年。

天野大学附属图书馆藏写本《白姓官话》，《白姓官话全译》，濑户口律子，明治书院，1994 年。

本书对这三种文献进行校注整理，包括三个方面的工作：

1. 校雠。

比较不同写本，择善而从。上列三种文献都以第一种写本为基础，参考其他写本，核定字迹不清、字体生僻、抄写脱漏之处。

原写本的页码加［］，夹入正文。

书中尽量保持原写本的繁简字和正俗体特点，错字则直接予以修正。少见的手写体则按相似原则分别转写为通用的繁体或俗体的字形。白话文本中常见的俗写别字如可能引起误解，直接在正文中括注规范字。

页面下方的词语注释，一般转写为通行的正体字，如转写可能产生歧义，则不转写。

2. 整理。

根据笔者对文本内容的理解重新断句，加规范的标点符号；并通过分段、分行，呈现情景对话式的语篇结构。大体上按语篇分片段，加序号。分片段标序号主要是为了阅读间歇和资料索引方便。其中，《白姓官话》中有些场景的对话很长，分割成序号相连的两三段。文本中有些片段是由时间上不相连或内容上不相干的若干小段合并而成的，小段以空行隔开。

按话轮分自然段，说话人轮转处另起一行。同一说话人不连续的话轮之间用省略号隔开。

《学官话》的某些节段，原写本在对话句子开头标有“问”“答”“说”“又说”等说明字样，予以保留。原写本中没有的不予添加。

3. 注释。

注释主要针对不见于一般语文工具书的词语或常见词语的特殊义项。个别生僻的文言词语、少数可能产生误解的白话词语也加了简注，以便普通读者理解。

释义后举例，例中遇对应条目，用“～”代替。不止一例的，例与例之间用“/”隔开。

同一个加注词语如果在同一页再次出现，一般在不引起歧义的前提下，则不再注。

有些词语随文解释后，用［按］字样隔开，做延伸的解释。主要是联系福州方言，说明该词语可能的理据，或补充说明相关的地方文化背景。

在书后将注释词语列表，按音序排列，作为索引。

官话问答便语

1.

[1] 學生今年初到中國，一心要學官話，求老先生教我。
好。秀才高姓？
姓金。
大名？
名範。
貴庚？
三十歲。
令尊令堂都在堂広？
都在堂。
昆仲幾位？
兄弟三人。

雁行第几？

弟二。

你要學官話，這個不難。一要勤苦，二要留心，日久自然曉得。先在眼前日用言語學習明白，然後那些事物的話皆可漸漸理會得來。

呵，學生領教。

2.

［2］老兄大駕到館，弟未曾遠迎，多多有罪。

說那裡話來。近聞知兄駕今年到敝地，就要來奉候。因有事務來遲，望乞恕罪。

豈敢！弟一到①中國，離船進館，行李安頓未曾明白；兼房屋漏損，現在叫匠人修理停妥。方欲造府奉拜，不期老兄先來看我，使弟又愧又喜。

好說，請問令尊令堂都好庅？

托福，都好。家父寄信②問候老兄。

不敢當，老人家真真③有心④。請問尊兄是几時在貴國開船的？

---

① 一到：刚刚到。这里的“一”可能是“一……就……”句式因脱漏而失联。

② 寄信：托带口信。［按］福州方言词“寄信”［kie^{5} seiŋ^{5}］：捎话，托人带话传达。例如：《闽都别记》第三六回：“遂设计诈以刘盐商家之姑娘～叫卖花姑。”

③ 真真：真是。［按］福州方言词“真真”：真的，实在是。

④ 有心：有情义。［按］福州方言词“有心”：特指人念旧，重故人情谊；反义词是“无心”。

弟是去冬在敝國下船[⑤]，船開到馬齒山候風；今年正月間遇順風放洋[⑥]，五六日就到怡山院[⑦]。蒙閩安鎮大老爺詳督撫兩院，吊[⑧]進館驛安挿[⑨]。如今快活[⑩]了。

恭喜恭喜！

托福托福。

弟有事假忙[⑪]，告别了，另日再會。

豈有此理！老兄到此，坐沒有多久就要回去。知道者，說兄有事不得閑；不知道者，說弟外國人不知禮數，致人取笑。古語說得好：相逢不飲空歸去，洞口桃花也笑人。弟［3］沒有什庅美味奉敬，[⑫] 敝國帶來淡酒請嘗一杯，少[⑬]展弟一點敬心，屈駕寬坐片時如何？

多謝得狠！

叫孩子們把桌抬上來，菜端來，酒拿來，我與某相公敘飲。請！

---

⑤ 下船：下到船中，登舟。

⑥ 放洋：（船）驶向外海。

⑦ 怡山院：也作“怡善院”，位于福州市亭江镇的一座妈祖庙，相传始建于明嘉靖年间。面临闽江出海口，康熙元年（1662）以后的中国册封琉球使者和琉球商人进出闽江口，必至此处祭祀妈祖。附近有清代巡检司衙门，来往琉球的船只都要先在此处停靠。

⑧ 吊：调遣。

⑨ 安插：安排入住。

⑩ 快活：舒服。［按］福州方言词“快活”：舒服，舒心，不劳累。例如：伲囝都成立以后就～去（孩子们都成家立业以后就舒心了）/机关工作比较～（在机关里工作比较舒服）。

⑪ 假忙：忙。“假”作谦辞。

⑫ 原本无“没有什庅”，依法政大学写本补。

⑬ 少：通“稍”。

3.

這酒狠好！敝地雖有好燒酒，味辣兼霸⑭；貴國燒酒味香且順⑮。

這酒不當好⑯，兄若中意，多用數杯不妨。

弟量淺，彀了。

想是沒菜，寡酒難當。

好說。菜儘⑰多了，酒又醉了。

兄既不飲，呌盛飯來?

飽了，不用。

呌拿茶來請一杯?

天色將晚，弟回去了。

還早，再坐坐吃袋烟去。

請了。

待弟送送。

請畱步，不消送。

兄到此是客，弟是主人，豈有不送之理。請了!

---

⑭ 霸：（酒）劲大，酒精度高。［按］福州方言词“霸”［pa^5］：①好，出色，棒。例如：伊做食第一～（她的烹调手艺最好）。②（烟酒等）劲儿大。例如：“厦门高”真～，半斤就醉去（厦门高粱酒劲儿大，喝半斤就醉了）。

⑮ 顺：（酒入口）刺激性小。［按］福州方言词“顺”：形容烟酒的口味不太刺激。例如：中华烟比较～。

⑯ 不当好：不算好，不很好。

⑰ 尽：很，十分。［按］福州方言词“尽”作为程度副词，相当于“很”、“非常”。例如：汝～客气（您很客气）/福州六月天～热（福州夏天非常热）。

弟去了。

弟不送了。

4.

今日清明，天色又晴，人人都去上墓[18]。我也要到先祖[19]墳上祭掃祭掃。

你令祖的墓在那（哪）个所在？

我先祖墓在上渡[20]地方。煩你替我買幾件[21]菜。

你要買什庅菜？講來趕早好去買，買便[22]就好到山上去。再挨[23]越遲了。

---

⑱ 上墓：上坟，去扫墓。［按］福州方言说“墓”不说“坟”。童谣《砻砻粟》有：“主侬无着厝，骑牛骑马去上～。”

⑲ 先祖：祖先。［按］明清时琉球国的汉语通事都是居住久米府的“闽中舟工三十六姓”后裔，祖籍多在福州周边。《白姓官话》：“……到洪武二十五年间，皇上拨闽人三十六姓来这里教导；到万历年间又拨闽人六姓也到这里来教导，中国的礼数才略略晓得一点。……首里府的人就像中国的满洲人一样，他不做通事，所以不学官话。久米府的人就是明朝里发来四十二姓的人，就像你中国汉人一样。凡有中国飘来的船，替那到中国进贡的船，都是用久米府的人做通事，所以要学官话，才会替国王办得事情。”

⑳ 上渡：福州地名，在仓山区。

㉑ 件：样。［按］福州方言“件”、“样”同音。

㉒ 买便：买好了。［按］福州方言词“便”：（准备）停当的意思，常用在受事主语句的谓语动词后作为补语。例如：桌排～（桌子摆放好）/饭先煮～（饭先煮好）。

㉓ 挨：拖延，耽搁。［按］福州方言“挨”［e^1］：拖延时间，磨蹭。例如：罔～一段（姑且拖一段时间）/汝固嚟慢慢～（你还在慢慢磨蹭）。

我要用肉幾觔、雞一大隻㉔、鮮魚兩尾、羊肉、海参、蚶、蠣蟥㉕、蠘㉖、切麵、時菓，共成十全。其餘還要酒、元寶㉗、陰銀、錢紙、香燭［4］等項，彙便㉘叫人挑去。

好，我如今就去辦。

……

東西都有了，大家一齊同去。

等我穿衣服。今日天氣暖，衣服少穿兩件。

我還有一事對你相量㉙。

你有什庅事對我相量？

我想前日纔下雨，地上還沒有十分乾，不當㉚好走。不如

㉔ 鸡一大只：一只大鸡。［按］福州方言“大/嫩（小）”可以修饰量词（度量衡单位和动量词除外）。“大/嫩＋量词”仍是一个形容词性的结构，可以受程度副词修饰；也可以后附结构助词“其”，构成名词性的“其”字结构；“大/嫩”还可以重叠。例如：只条裤野大条（这条裤子很大）/只把铁锤团恰嫩，大把其掏来（这把锤子太小，大的拿来）/大大隻其包包带两隻（很大的包儿带两个）。

㉕ 蛎蟥：牡蛎。

㉖ 蠘：梭子蟹。［按］福州方言词“蠘”［tshieʔ⁸］：本字“䖺”，《广韵》入声屑韵，昨结切。“似蟹生海中”。

㉗ 元宝：一种祭祖敬神焚化的纸钱。［按］福州民俗用品，三五寸见方的草纸上贴黄色或白色金属箔，又称“棋盘箔”，折成金银元宝状焚化。

㉘ 彙便：采办停当。［按］福州方言词“彙”［lui⁶］：本字“纇”，指整理并汇集。例如：～行李（整理旅行时随身携带的东西）/～房里（整理房间）。便：参见注㉒［按］。

㉙ 相量：商量。［按］福州方言“相量”与“商量”同音。三种课本中多写作“相量”。

㉚ 不当：不怎么，不很。

僱隻小船，撑到那裡，上去墓中[31]，豈不是好？

這個果然好，但不知有船便[32]沒有呢？

船便，泊在河邊。

既有船便，湊巧得緊。担子不知道去了不曾？

担子我吽他先挑在船上等候。大家走罷！

5.

昨日上墓[33]回來，今日身子困倦，頭好疼，又發潮熱，好不自在。

你是昨日在山上吃酒，脫衣服冒着風[34]。這個不妨，請一位醫生看脉，撮[35]一劑藥表表，發些汗出來就好了。

6.

你昨日那（哪）里去？

我昨日被一個好朋友請去。

他有什庅菜請你？

㉛ 上去墓中：上岸去墓地。［按］“墓中”的“中”是处所助词，没有方位义。福州方言对应的成分是读轻声的“里”［le^0］，俗写作“礼”。名词后附上表处所的“礼”，就转化为处所词，例如：字典着桌～（字典在桌上）/簿簿都着屉～（本子都在抽屉里）/通知就贴夹门～（通知就贴在门上）/书～怎样讲（书上怎么说）。

㉜ 有船便：有船随时可用。

㉝ 上墓：上坟。参见注⑱［按］。

㉞ 冒着风：感冒风寒，受了风寒。

㉟ 撮：抓（中药）。［按］北方话说“抓药”，福州方言说“撮药”，从“撮”的“少量抓取”义引申而来。

菜是多的。頭一碗假燕㊱，第二碗三鮮，還有蒸雞、蒸鴨、蒸蹄、鰻、羊肉、豬肚、鹿觔（筋）、海参、鮑魚、金蟳㊲、全魚、蛋湯、三點心、肉包、滿州餑餑、千葉餅、水晶餃、蕨粉包。［5］吃了大席，就撥桌㊳擺上九個圍碟，大家坐下行令。

行的是什庅令呢？

行的要詩句古人名。

講得來的怎樣？

講得來的不用飲酒。

那講不來的怎樣？

讲不来的罰酒三杯。

大家都會講不會？

一桌八個人，内中也有會講的，也有不會講的。

你坐在第幾位？

主人同眾賓客俱說，此位秀才是外國來的遠客，當坐首位。我看内中有一位老人家，又有頂帶（戴），必定是年高有德之人，我轉讓他坐下。眾人又說，你秀才謙讓，首位既不肯坐，請在二位㊴一定辭不得了。我仍再三告讓，大家都不肯，一定要舉我坐。我沒奈何，只得告佔㊵，方纔坐下。然後眾位

㊱　假燕：一种粉条，口感略似燕窝。

㊲　金蟳：青蟹，成熟膏满的青蟹腹甲呈金黄色，叫“金蟳”或“红蟳”。［按］“蟳”福州方言音［$siŋ^2$］，《闽中海错疏》：“海蟳，蝤蛑也，长尺余，壳黄色青。……金蟳，色黄。虎蟳，文有虎斑。”

㊳　拨桌：清理桌面。

㊴　二位：酒席上的第二尊位，在“首位”的左侧。

㊵　告占：被推举坐尊位者的谦辞，表示自己不配。

序齒依次坐下，嘻嘻哈哈談笑了一天。因日晚了，恐怕城門關，告辭起身。眾人留我不住，只得送我出門，齊揖而別。

7.

請問今年都不鬪神[41]，何故？

被官府禁了。

禁他做甚庅[42]？

你不知我這裡鬪神利害[43]！

有何利害？

這鬪神的都是一起[44]生事爭鬪之人。用貓竹[45]劈開四瓣，中間將松油[46]［6］夾住，外面用竹篾綑緊做火把，長長的，點得紅烋烋，幾十把。頭上包着頭布，身上穿得短衣，手中暗執木棍。大鑼大皷打起，滿街衝來撞去。四處也有神[47]，你一駕來，我一駕往。遇得兩邊謙讓方好；稍有不遜，就相打起來。打得頭破耳裂，遍体重傷，以致人命，這是弟（第）一利

---

[41] 闯神：民俗，迎神时一群人抬着神轿吆喝飞奔，以造声势。

[42] 禁他做甚么：为什么要禁（闯神）？［按］福州方言词“做甚乇”：①干什么。②为什么。例如：～拍伲囝（为什么打孩子）？

[43] 利害：祸害。

[44] 一起：一伙，一批（人）。［按］福州方言词“一起”［soʔ⁸ khi³］：一伙（人），带贬义。例如：《闽都别记》第八回：“你只（这）～都是酒囊饭袋，与你说什么，惟有老爷知我。”

[45] 猫竹：毛竹。［按］福州方言“猫”音［ma²］，与“麻”字同音。今方言“毛竹”多写作“麻竹”。本字是“毛”。

[46] 松油：富含油脂的松木片。［按］法政大学写本原作“松香柴”，圈改为“松油”。

[47] 四处也有神：周边社区也有神庙，也迎神。

害。還有那長長的火把橫着街中[48]，火星亂落，也有落在房簷邊，也有落在鋪匱[49]裡。風起火着，就燒房屋。這又是弟（第）二利害。你想要禁不要禁呢？

如此說來，果然禁得好。有擡擱故事[50]沒有？

這是有的。我這裡故事不同：用木架抬着車動[51]，叫做"擡擱"；人站在人肩上，名為"肩馬"。這兩樣的只是官模[52]，轉動不作聲。又有地上走的，名為"嚷歌"[53]，這個又有官模，又會唱曲，更覺好看。

今晚有沒有？

正月頭[54]那（哪）夜沒有？

你帶我看好不好？

城裡[55]狠多，但是城門晚間關了進不去。南臺[56]也有，等

---

[48] 横着街中：横在街上。［按］福州方言"着"作为处所动词或介词，相当于"在"。

[49] 铺柜：沿街店铺的柜台。旧时零售店铺往往迎街摆放一排柜台。

[50] 故事：穿古装戏服的各种街头表演。

[51] 车动：转动。［按］福州方言"车"作动词，表示旋转、转动。例如：头～过来（头转过来）/《闽都别记》第六回："姐夫在房中～～转跑来跑去。"

[52] 官模：着戏服上彩妆的人物造型。或应写作"观模"。

[53] 嚷歌：游行中的歌舞表演。［按］天理大学写本"嚷"旁注同音字"養"。福州方言文献中也写作"洋歌"或"飏歌"，被认为是闽剧音乐的来源之一。可能就是北方的秧歌表演。

[54] 正月头：正月初。［按］福州方言"月初"说"月头"，"月底"说"月尾"。

[55] 城里：明清时期的福州城范围约相当于今福州市鼓楼区的市区部分，官方安排琉球人集中住宿的柔远驿在今台江区，属城外。

[56] 南台：福州地名，在今台江区的闽江北岸一带。

我吃過晚飯來邀⑰你去。

你千萬要來，我等你，不可忘記。

我留心記得，记得。

8.

[7] 今日天氣熱，身上都是汗，腌臢得狠，要燒水洗個澡。

你要洗澡，家裡洗不快活⑱；我邀你去湯門外⑲洗，真真⑳自在。

我知道了。那一日有事，我往㉑那裡經過，見亭子裡都有好多人在那裡洗澡，想必就是那裡麽？

差得多。那塊㉒叫做湯池㉓，也是洗澡的，不用錢，都是那些閑雜人洗的。你也脫得赤身條條，我也脫得赤身條條，不

---

⑰ 邀：领（路）。[按] 福州方言词“邀”[iu¹]：①牵手。例如：手～手（手拉着手）/～嚟慢慢行（牵着慢慢走）②领路。从“携手”义引申为“领路”的意思。例如：伊𣍐仈行，汝去～囇（他不知道怎么走，你去领一下路）/《闽都别记》第五回：“时内厅早已排便酒席，遂～进内会饭。”

⑱ 快活：舒服。参见注⑩ [按]

⑲ 汤门外：福州地名，该街区地下出温泉。“汤”指温泉热水。

⑳ 真真：实在是。参见注③ [按]。

㉑ 往：从。

㉒ 那块：那个地方。[按] 福州方言量词“块”读 [toy⁵]，方言文献中都写“块”字。

㉓ 汤池：温泉浴池。从下文看，特指露天的免费公共浴池。[按] 福州方言的温泉热水叫“汤”，澡堂叫“汤池店”或“汤房厝”。

顧体統，七八個坐在湯池裡，混洗一堆[64]，真真看不得。內中也有生瘡生疥的，不乾淨得緊。我們要洗，到湯房[65]裡盆湯洗。有一櫥放兩個盆的，也有一櫥放一個盆的，隨人的便。人坐在房櫥裡盆中，板[66]邊有個半邊[67]竹筒，半折[68]靠在澡盆上，半折伸出板外。外面將湯倒入竹筒，就灢進來到澡盆中，任你漫漫（慢慢）的洗。若久湯冷了，將冷湯倒吊（掉），𠮶他再放熱湯進來，重新再洗。你想快活不快活呢？

果然快活，這湯是燒的不是燒的？

不是燒的，是地氣生成[69]熱的。他尋那所在[70]乾淨的，舀來給人洗澡。

如今就一同去？

好，走罷。

---

[64] 一堆：一起，在一起。［按］福州方言词“一堆”［soʔ^{8} tøy^{1}］：一起。例如：外妈共我～生活（外婆跟我一起生活）/园～（藏在一起）/《闽都别记》第三二回：“二案原被告男女共六个，俱押在～。”

[65] 汤房：澡堂，指商业性的公共澡堂。

[66] 板：（澡堂里）隔间的墙板。

[67] 半边：剖成两半的竹筒，作引水槽。［按］福州方言词“半爿”［puaŋ^{5} peiŋ^{2}］：指物体分割出来的一半，半块。例如：一人分～（一人分半块）。方言文献中“爿”通常训写为“边”字。

[68] 半折：半截。［按］福州方言词“半橛”［puaŋ^{5} khuoʔ^{8}］：半截儿。例如：这本书乍看～（这本书刚看了一半儿）。橛：《集韵》入声月韵，居月切。《广雅·释官》王念孙疏证：“凡木之直而短者谓之橛。”

[69] 生成：天然。［按］福州方言词“生成”［seiŋ^{1} siŋ^{2}］：天生的，天然的，本来如此的。例如：许蔸树～弯弯势（那棵树天生长得弯弯的）。

[70] 所在：地方，处所。

9.

[8] 剃頭司務㉑，頭剃了。我這頭髮裡有虱子。先把頭髮梳直了，再把篦子將頭髮根狠狠的篦上幾篦，將虱蛋篦乾淨。

我這耳朵裡癢得緊，你替我看看。將㉒耳掭㉓掭耳屎，將耳鉗攝去來㉔，然後將耳撻㉕放入耳內撻撻。

我身上痠痛得緊，你替我扳扳，各處搥搥。

10.

我想為人，一年之中，受盡了這些虫的氣。冷天㉖虱子跳蚤，熱天㉗蚊子臭虫。那虱子若是勤勤拿拿，衣服換換，就會乾淨。臭蟲將鋪蓋搬出晒晒顿顿㉘，也會差些。惟有這跳蚤蚊子沒奈他何。那跳蚤在身上亂咬，穿來穿去㉙。等你去拿他，

㉑ 剃头司务：理发匠。

㉒ 将：拿，用。

㉓ 耳掭：挖耳勺。

㉔ 去来：出来。

㉕ 耳撻：掏耳的专用工具之一，即伸入耳孔的绒球刷。撻：来回转动。［按］福州方言词［lieŋ5］：本字不详，转动。例如：这架电风扇𡅏～去（这台电风扇不转动了）。

㉖ 冷天：冬天。［按］福州方言词“清天”指“冬天”。“清”是“冷”的意思。清：《广韵》去声劲韵，七政切，“温清”。《说文》：“清，寒也。从仌，青声。”

㉗ 热天：夏天。［按］福州方言词“热天”指“夏天”。

㉘ 顿：往地面夯（这里指借重力震落臭虫）。

㉙ 穿来穿去：穿梭往来。

還不曾看真[80]，他就跳去了，停一會他又跳上來，仍旧在身上乱穿，弄你拿不着，氣又氣不過。那蚊子你先前把帳密密的放下遮着，他都在帳外飛來飛去，尋有一個缝，就鑽進帳來。釘你還不算數，又在耳朵邊轟轟㕧，炒（吵）你一夜睡不得。弟（第）二天起來，好不自在。這四樣虫，不知人身上血吃去多
[9] 少。天地間生此害人的孽障，要他做什庅？

你說的話好笑。天地間要生他，你如何㕧他不生？大略天地的意思，說我們在世，日食夜眠，都無忌畏，故生此惡虫警醒警醒，使人不敢惰慢。

你說得是，這個也未可料得。

11.

我這包銀子要換錢用。你放在天平，兑兑多少重[81]，該換多少錢，實價箅。我與你做主顧[82]。

你這銀子内中兩份是古餅[83]，一份是新餅，還有這一塊是三寶餅。我如今將古餅先兑多少重，再將新餅兑多少重。這塊

---

[80] 看真：看清。［按］福州方言“看真”“听真”都是动结式动词，“真”表示感知到的信息准确、清晰。

[81] 多少重：多重。［按］福州方言的不定代词“偌夥”［nuo^{2} uai^{6}］，可修饰形容词，相当于普通话的“多少”、“多么”。例如：只间有～大（这间有多大）？/厝起～悬了（房子盖得多高了）？

[82] 我与你做主顾：意思是我以后会长期照顾你的生意。［按］福州方言词“扶家”［$phuo^{2}$ ka^{1}］：指长期的、固定的客户；也指交易双方一种长期的互惠关系。或作“铺家”。

[83] 饼：银饼。琉球国使用的硬通货，银纯度不高。又分为古饼、新饼、新新饼、三宝饼四种，纯度各不相同。

三寶餅放在厘戥稱多少重，照折合筭⑭。

怎樣的折呢？

我這裡細絲庫白⑮，每兩銀時價只換錢九百筭，你這古餅一兩折元寶八錢，新餅一兩折古餅八錢，三寶餅一兩折古餅三錢。一起折做古餅，又將古餅折做元寶筭就是了。

目今⑯钱價，敢不止九百広⑰？

不敢相瞞，這是有定規的。錢鋪儘⑱多，豈在我一鋪時價不等。幾日裡錢貴，幾日裡錢賤。有時只換八百或八百上⑲者，有時［10］換得九百或九百上者。這都以钱文⑳之貴賤定時價之高低，一點都不差的。

照筭換做錢罷。

錢算明白了，該應㉑這些。吅人挑去罢？

不用，我一時還未曾㉒用着。只要兩千先拿去買些零碎東

---

⑭ 合算：计算，核算。

⑮ 细丝库白：官库铸造的银锭，即元宝，纯度较高，视作纯银的标准。

⑯ 目今：目前，当今。

⑰ 敢不止九百么：恐怕不止九百吧。敢：语气副词。［按］福州方言对应的语气副词式“惊”［kiaŋ¹］或“惊伊”［kiaŋ¹ i¹］。

⑱ 尽：很。参见注⑰［按］。

⑲ 八百上：八百多。［按］福州方言表概数的“上”，加在单位数词后，相当于普通话的“多”。例如：百～（一百多）/千～（一千多）/五十～（五十多）。

⑳ 钱文：圆形方孔的制钱。文：制钱的基本单位。

㉑ 该应：该是，该要。［按］《说文》：“应，当也。”福州方言“应”作为系动词，后接数量宾语，表示计算的结果。例如：伊肖马，今年～五十二岁（他属马，今年该是五十二岁）/鱼丸三碗～十五块（三碗鱼丸共十五元钱）。

㉒ 未曾：还没有。

西；其餘放在你店中，打張錢票[93]給我帶去。等要用時，着人携票來支。錢要足的，不可短少。鉛錢[94]、剪邊[95]、新錢仔我都是不用的。

曉得，我自然數足，揀選乾淨。都是好錢給你，不用費心。請了。

12.

你寶店有書拿幾部來給我看，我要買。

相公要的甚広書？

我要《四書體注》一部、《古文》一部、《唐詩》一部、《詩經》一部、《易經》一部、《禮記》一部、《書經》一部、《春秋》一部。

這些書敝店都是有的，我彙[96]来给相公看。

……

书在這里，相公请看。

這书不當好[97]。字又糊塗，板又假，故乃是土板。我不中意。我要的是蘇板，字畫分明，紙張白淨方好。

有，價錢會貴些。

---

[93] 打张钱票：开一张钱票。［按］福州方言词“拍”与普通话“打”对应。“开票”说“拍票”。

[94] 铅钱：铅铸的钱币。［按］《十国纪年·闽史》：“王审知为闽王，梁贞明元年汀州宁化县出铅，置铅场。二年铸铅钱，与铜钱并行。”

[95] 剪边：清代顺治、康熙、雍正时铜钱中，有剪去边廓者，称为“剪边钱”。

[96] 彙：整理、汇总。参见注㉘［按］。

[97] 不当好：不很好。

我只要好的，價錢貴些不妨。

相公請看這書如何？

也沒有十分好，將就罷了。你每部要多少［11］銀子？

我開個單子，每部載[98]明價錢，給相公看看。

好。

……

你這個價錢開忒貴了。這些書我們年年都有買[99]的，我都是曉得，不用許多[100]。

相公既然曉得，是個在行人[101]，將我所開的单子价钱每個減去些少，彀本就奉送了。

我都減了，只值這些。你看看做得做不得呢？

相公價还太少了，折本生意，斷難從命。

比你意下差多少？

若論實價相讓，還差幾錢銀子。

你說笑話，這幾部書如何差得幾錢銀子？你總是要添，也罷，再加钱半[102]银就是了。

---

[98] 载：记写，标注。

[99] 有买：即“买”。［按］福州方言的“有”用在动词前表示肯定，用“无（没有）”表示否定。

[100] 许多：那么多。回指前文中的具体数量。［按］福州方言远指代词“许”可用在形容词前，相当于普通话的“那么”。例如：有拳头姆～大（有拳头那么大）/《闽都别记》第三六回：长生同妻笑曰：“自己什么材料，能值～多财礼。”/《闽都别记》第二〇二回：艳冰泣曰：“兄度日如年，怎俟得～久！”

[101] 在行人：内行人。

[102] 钱半：一钱半。［按］福州方言复合数量词首位的“一”照例省略，例如：斤三（一斤三两）/尺八（一尺八寸）/千六（一千六百）。

好，我若不賣，相公一定要怪，賣又折本。罷了，此番相讓給相公，望你下回再來買書補過。下回還要到寶店買的。

狠好，多承照顧。

相公，書都彙齊在此。

銀子也稱足在此，你收去。

多謝了！

謝讓了！

請！

請！

13.

今日太保廟做戲。

為什庅做戲？

圡地大王生日慶賀的。

那圡地大王是甚庅神明？

各地方皆有圡地所管，各境社[103]皆有大王所司，這是里域的圡主，譬如陽間地方官是也。

戲子一班有多少脚色？

有做外脚的，有［12］做淨脚的，也有做末脚、丑脚的，還有正生、小生、老旦、正旦、小旦、花旦、貼旦[104]這些脚色，合成一班。所做的戲文都是古時人故事，或先貧賤而後富貴者，或始分別而終團圓者。其中榮華苦楚、患難死生，總不

[103] 境社：社庙，兼指社区。［按］福州的社庙称为“境”，供奉当地的土地神。如竹林境、状元境、泔液境等作为地名至今犹存。北方称“社”，福州方言称“境”，构成合璧词“境社”。

[104] 原本无“花旦、贴旦”，依法政大学写本补。

出悲歡離合四字。那些忠臣義士，大半都是外与正生做的；仗義好漢，大半都是淨与末做的；利己害人，大半都是丑做的；風情月意，大半是生旦做的。所唱的戲，好人自有好報，惡人自有惡報。好人雖然眼前顛倒[105]，到後來定有好處；惡人雖然先頭輕狂，到尾[106]終無結果。所做[107]那些戲，都是勸世之意。愚魯人看，只道好听好看就是；那聰明人看，細思内中自有理會。

呵，原來有這些妙處。只是古人的故事我不當[108]憧（懂）得，每出替我說說[109]，我方知道。

好，你只管滿[110]看，曉得的不用說；不曉得的，對你講講，你就明白了。

狠好狠好。

---

[105] 颠倒：颠沛流离，遭遇苦难。

[106] 到尾：最后。［按］福州方言词“遘（到）尾”［kau^5 mui^3］：后来，最终。例如：事计～都会做清楚（事情最终都会搞清楚）/～是伓边赢（最后是哪一方赢）?

[107] 原本无“所”，依法政大学写本补。

[108] 不当：不很。

[109] 替我说说：为我解说。［按］福州方言词“说”［suoʔ^7］是“解释，解说”的意思。例如：只两句请先生乞奴～嚾（这两句请老师给我解说一下）。

[110] 满：情态副词，表示“姑且”。［按］福州方言词“罔”［muoŋ^3］是“无妨”的合音，语音折合成普通话的“满”。作为语气副词，表示：①随便，不太正式地。例如：～讲几句（随便说几句）。②姑且，凑合着。例如：无乇好食，～食（没什么好吃的，凑合着吃）。③表示无所谓，可以这样，也可以那样。例如：这出戏我看过了，有阵～介去看（这出戏我看过了，有伴也可以去再看）。④在“X 罔 X”结构中，表示“虽然”。例如：者龙眼大～大，繪甜（这龙眼大虽然大，但不甜）。

你聽聽，鑼鼓响，戲上臺了！我和你快些走！快些走！

14.

今日迎春，不知到那（哪）個地方好看。

要看迎春，須去到［13］東門外春牛亭那裡好看。那亭中塑一隻大圡牛，頭、角、身、尾，腹下四蹄，按本年天干地支所屬，粧成各色，放在亭中。各官都到那塊[111]，迎這圡牛進城去，名為春牛。

迎春要這圡牛何故？

你不知道？春為歲序之首，農乃國家之本。人無食不生，田無牛不治。當此陽春，五穀滋生，故迎春必以牛，重農事也。

有多少官員出來呢？

那些大官府都不出來[112]。只有福州府、海防廳、理事廳、粮捕廳、閩縣、侯官縣、典史、捕衙這些官員。你要看，早早吃飯，我邀[113]你同去。我也回去吃飯。

你就在我這裡吃便飯，吃完大家去，何必又回去怎的？

也好。

快些吃，趕早去，不要挨[114]。

是，如今就去。

---

[111] 那块：那里。参见注㊷［按］。

[112] 原本作“不来出”，依法政大学写本改。

[113] 邀：领。参见注㊲［按］。

[114] 挨：磨蹭，耽误时间。参见注㉓［按］。

15.

我這幾件衣裳腌臢得狠，你替我拿去洗洗乾淨些，用米漿浆浆，看有線縫裂處，幫我縫一縫；有破的所在，幫我補一補。

這双鞋昨日踩都是泥，拿來刷一刷。

那件襖子上霉，拿去晒一晒。

這双襪底破了，換一双好的。

那帽子都是灰塵，拿去抖一抖收起來。

地上恶浊[115]得緊，拿掃把來掃一掃。椅棹[116]上拿雞毛攩来攩[117]一［14］攩。

香爐拿乾淨布來擦一擦。炭基燒紅，钳于爐中，檀香束香拿幾塊燒。

花瓶拿去將舊水倒了，入些新鮮淨水，鲜花折兩枝，挿在瓶中。

茶礶拿去將底茶倒了，並茶杯茶盤洗乾淨。滚水[118]搧[119]一壺，茶罌[120]内有松蘿茶泡一礶。

炭火拑些放火籠裡，放在這塊[121]好給人吃烟。

---

[115] 恶浊：齷齪，脏。[按] 福州方言“恶浊”与“齷齪”同音。

[116] 椅桌：桌椅，泛指室内家具。[按] 福州方言“桌椅”说“椅桌”。

[117] 挡：掸。

[118] 滚水：开水。[按] 福州方言“开水”说“滚水”或“滚汤”。

[119] 搧：搧（烧水的炭炉）。

[120] 茶罌：贮茶罐。

[121] 这块：这里。

16.

我這樓中好多老鼠，晚間燈吹滅，他就來，將那書本扯得粉碎，皮箱竹籠⑫都咬破了，將燈油打倒滿蓆上。幾個相打，滾攏⑬一堆⑭，嘰嘰叫，炒（吵）我睡不着，真真⑮可惡。

我家有貓，拿⑯來借你，那老鼠見貓就不敢來了。

我不用。

怎的不用？

遇着好貓還肯拿老鼠，固然是好；若遇着那沒幹的⑰貓，又不會拿鼠，只在厨櫃裡偷吃，晚間屎尿撒在樓中，臭不可當，這不是害上加害了？

這也說得是。我還有一件治老鼠的東西。

什庅東西？

---

⑫ 竹笼：竹篾编的储物箱子。

⑬ 滚拢：滚，打滚。［按］福州方言的一部分单音节的动词可以拆分为两个音节，从而使单音动词所表示的动作行为更形象生动一些，这样兼有摹状作用的动词变形是动词的“生动貌”。音节拆分的规律是：原单音节的，从声母到韵腹这一截作为第一音节，以“［l-］”拼原单音节的韵母为第二音节。第一音节变调，第二音节读原调。例如：吊［tau^{213} → ta^{21} lau^{213}］，卷［$kuoŋ^{33}$ → kuo^{33} $luoŋ^{33}$］，缠［$tieŋ^{53}$ → tie^{33} $lieŋ^{53}$］（为标明变调与原调，此处音标标出的是调值）。“滚拢”的后字应当是“滚”衍生的音节。

⑭ 一堆：在一起。参见注64［按］。

⑮ 真真：真的是。参见注③［按］。

⑯ 拿：捉。

⑰ 没干的：不中用的。

街坊上有人賣老鼠藥，買他兩包，或投[128]在飯裡，或塞在光餅[129]當中，放在邊頭[130]。他若吃着[131]就會死。這個方法妙不妙？

這個使得，煩你就替我買兩包試試。

好，我一會徃街上[132]，遇着就買來。

你千萬記得！

17.

［15］你來了，請上樓坐。

請煙。

請茶。

……

我這幾枝筆禿了，都用不得。你明日再來，有好筆帶幾帖來，金墨帶兩匣來，十錦墨帶兩匣來，銀硃帶幾錠來。硃要真正，不要黄丹滲（摻）的。好端石硯帶一塊來。白石硯池磨銀硃用的，也帶一塊來。這幾件我等着要用的。

秀才，那幾件我明日就送到。只筆有現成帶來，秀才請看，中意不中意？

---

[128] 投：掺入。［按］福州方言词“投”［tau^2］：掺入。例如：清饭～里煮（剩饭掺进去煮）。

[129] 光饼：福州的一种烤面饼，中间有个孔。［按］相传是戚继光发明的军队干粮，所以称“光饼”。

[130] 边头：旁边，边角处。

[131] 吃着：吃到了。

[132] 往街上：上街。

這些筆我看了，都不當好，是别人揀⑬³剩的。你收回去。明日好的併那些一起帶來。

我明日早早來。

18.

你這幾日那（哪）裡去，不來讀書？

學生有事，未曾到先生尊前告假，有罪。

你既有事，務必要去料理；若是無事，不可偷閑懶惰。你萬里重洋來到中國，海上驚風怕浪⑬⁴，不知受了多少艱辛；只望讀書會講官話、知道禮數，回去做官，榮宗耀祖，給父母歡喜。你若貪玩，不肯苦心勤力學習，一日混一日，一月混一月⑬⁵，光陰似箭，日月如梭，轉眼又是一年了，你雖在中國三年五載，名為讀書，其實不曾讀什庅書；至回國之日，官話一[16]句也不會講，禮數也一點都不曉得。人若問你，你也自覺含愧。若再問你去中國從那（哪）位先生，說起我名姓⑬⁶，連我先生也不好聽⑬⁷。我做先生的，譬如那做醫生的一般。有病人求他醫治，他心中愛⑬⁸個個都要醫好。稍有藥不對效，必

---

⑬³ 拣：挑选。

⑬⁴ 惊风怕浪：因风浪担惊受怕。“惊”“怕”同义互文。[按] 福州方言“害怕”说“惊”。

⑬⁵ 一日混一日，一月混一月：一日又一日地混过去，一月又一月地混过去。[按] 福州方言熟语“一日过一日”，意思是日子一天天地混过去。

⑬⁶ 名姓：姓名。[按] 福州方言“姓名”说“名姓”。

⑬⁷ 不好听：坏了名声。

⑬⁸ 爱：想要，希望。[按] 福州方言“爱”作为情态动词，念白读音[oy⁵]：①爱好。例如：～拍球（爱好打球）/～食甜（爱吃甜食）。②欲，想要。例如：～快做倒慢（想要快却更慢）。

須探本追源，按脉切理，把那病根斷盡，安健身體[139]。我做先生的，也替[140]他都似一樣心腸。有一個學生，就愛這一個學生通[141]；有百個學生，就愛那百個學生通。學生有名聲，先生也有名聲；學生沒體面，先生也沒體面。别人不好說你，恐你不悅意[142]；我先生[143]要直說的。你細思量是不是？

先生所教訓都是至理明言，學生謹遵。

19.

前日教你的書，你都會念不會？

學生都會念。

你拿來讀給我聽。讀完了，我再授些新的書給你讀。你若是那書中有不明白處，只管來問我，不可含糊放過他去。

學生書中大半曉得，内中只有一二句細微處不當憧（懂）[144]。想要問先生，恐問得多，先生勞神。

你不要仔細[145]。誨人不倦，是先生本等[146]。你來問，我［17］先生更歡喜。人非生而知之，都是學而知之。有疑必問，

---

[139] 安健身体：使（病人）身体安健。

[140] 替：跟，和。

[141] 通：有学问。［按］福州方言“通”［thuŋ^1］表示“有学问”。例如：老王尽～（老王很有学问）。

[142] 悦意：高兴。

[143] 我先生：我（作为）先生。

[144] 不当憧：不很明白。

[145] 仔细：客气。［按］福州方言词“细腻”［sa^5 nei^6］：①仔细，谨慎。例如：检查一定着～（检查一定要仔细）。②客气。例如：菜挟去食，莫～（菜挟去吃，别客气）。

[146] 本等：本分。

有問方明。若無窮究問難工夫，所學終無進益。

學生領命，几今以後有不曉得的，都要求先生教導。

這様纔是。

20.

我昨日進城去，遇着一位朋友，邀我到一座寺院裡玩耍。那寺院好大不過。頭門進去，兩邊坐着四大金剛，足下踏着兩個小鬼。當中坐着一位彌勒佛，披着袈裟，肚皮現出來[147]，笑嘻嘻的。進到二門，當中站着一位韋陀，身穿金盔金甲，兩手合攏，横捧着一把寳劒。進到大殿，正中上面坐着三寳佛，大大身的[148]。下面坐着一位釋迦佛，兩邊坐着十八羅漢。這邊棹頭上，放一個銅磬；那邊棹頭上，放一個木魚。樑上掛幾首旛，地下擱一個蒲團，佛龕内放兩部經卷。我們大家就朝上面拜了菩薩。到了後殿，供着一位觀音。和尚走出來看見，忙忙請入方丈坐下，倒茶請我們；又辦幾碟菓品，放在棹上，坐攏吃吃講講[149]。我包一包［18］香錢送他，他不過意，又留我們吃素齋。

什庅素菜請你？

煮豆腐、香菰湯、炖蓮子、炒麵觔、芝蔴卷、金針菜、白棗煮糖、煮豆干、木耳、炒豆芽、豆腐皮和紫菜。棹上擺兩壺酒，各人飲幾杯。吃過午飯，就叫徒弟捧上香茶。茶吃了，洗

---

[147] 现出来：坦露出来。

[148] 大大身的：（佛像）很大。［按］“身”，福州方言专用于神像、泥偶的量词。另可参见注㉔［按］。

[149] 吃吃讲讲：边吃边聊。

洗手面⑮⓪，和尚又邀我們前後左右玩玩。水缸裡養着十數尾金魚，石盆上安一座假山，上面布些景致，草木、人物。兩邊栽些名花修竹、蒼松翠栢。坐靠欄杆邊，談些釋經佛法，都是勸善戒惡之意。我在那裡遂覺心懷暢爽，名利皆空。樂了一天，日色將近黄昏，相辭回來。

原來有這等好玩所在，你明日仝（同）我再去，也見見光景，好不好？

好，我明日邀[151]你去。

21.

接貢船到了！

恭喜恭喜！

起動起動[152]！

今年因何到得這樣遲呢？

這接貢船舊年裡[153]就開在姑米山候風，等到近日有好風纔駛過來。

如今泊在那（哪）塊地方[154]？

---

[150] 洗洗手面：洗手洗脸。［按］福州方言"手"和"面（脸）"并列时，语序是"手面"；如果也包括脚，语序是"骹（脚）手面"。

[151] 邀：引领。参见注⑰［按］。

[152] 起动：谢谢。［按］福州方言词"起动"［khi^{3} $toy\eta^{6}$］：请别人做事的礼貌用语，单说表示道谢，相当于北方话的"劳驾"。例如：～汝门开一下（麻烦您开个门）/自家会做就伓使～别人（自己能做的，就不要劳驾别人）。

[153] 旧年里：春节前。

[154] 那（哪）块地方：哪个地方。

現泊在怡山院[155]。

有報來沒有呢？

有報，我在海防廳衙門看見。

有書信來了不曾？

書信有人送到館裡。

貴府都平安［19］広？

寒舍都托福平安。

你接着家信，就像拾得黄金一樣。

這是不消說的。我出外人[156]，那（哪）日不思父母，那（哪）夜不念妻子？除非正貢接貢，另外想寄一封信回家，甚是艱難。想接一封信來這裡，也是艱難。今日船到，見着書信，就如看見親人一般。你說像是拾着黄金，我說比拾着黄金更勝百倍！

真真有這個事[157]。不知吊票[158]去了不曾？

吊票去了。大約明日好天時[159]，呌兩隻小船引港，一水[160]

---

[155] 怡山院：位于闽江口的妈祖庙，参见注⑦。

[156] 出外人：离乡外出的人。

[157] 真真有这个事：确实是这样。［按］福州方言在对话中表达同意对方的话说“有者事”（有这样的事）。

[158] 吊票：官府签发的调拨货物、人员的文件。

[159] 天时：时节气候。

[160] 一水：一次涨潮的水程。海船吃水深，只有涨潮时才能驶入内河河道。

可到羅星塔[161]。再一日水長[162]，纔會到官田墩[163]灣泊[164]。

船中貨物幾時會搬？

這貨物要搬，须候海防廳大老爺觀看過，然後纔敢搬入館[165]。

原來有這些事故[166]。

這是定規的。

22.

開門開門！

外面打門是那（哪）一位？

是我。

你是誰？

我是某人，叫人快些開門！

原來是老伯，得罪得罪！老伯這一向都不來晚生這裡玩玩。

---

[161] 罗星塔：福州马尾港的航标塔。

[162] 水长：涨潮。[按] 福州方言“涨潮”说“水长”[tsui³ touŋ³]，或“长水”[touŋ³ tsui³]。“长”读上声“知丈切”的白读音，也作“涨”。

[163] 官田墩：福州地名，在今台江区。

[164] 湾泊：靠岸停泊。

[165] 馆：指福州琉球馆，即柔远驿。[按] 柔远驿是用于接待琉球国赴华朝贡的宾客和商人等的馆驿建筑，明代时官方全称为“进贡厂柔远驿”，民间又称琉球馆，位于福州台江区琯后街，始建于明成化八年（1472），重建于清康熙六年（1667）。琉球贡使在福州登陆后先住在柔远驿，再到京城觐见中国皇帝。今辟为福州对外友好关系史博物馆。

[166] 事故：事情原委。

本意愛⑯⑦來，你館裡狗又多，又會咬人；門又時常関閉，打門都不聽見⑯⑧，使我站在外面等候。好不耐煩，故此⑯⑨懶得進來。

老伯見諒。這狗［20］是館裡守夜畜生，以防贼盗。見主人在，他就不敢亂吠驚客。這門時常関閉，却是有個缘故，不是杜客起見。只因我館驛附近營盤，那營中馬匹都要放進來吃草。遇着善馬，在這裡吃些草也是不妨；遇着幾匹惡馬進來，草又不肯吃，兩個相踢，把館内水缸打破，又將牆壁打倒。我們對他主人說，他還要駡我琉球人多事。還有那些小孩子進來炒（吵）鬧。看見他，只說進來玩要；見不着，他就將館内東西偷去。我們還沒有講他一句，他就駡我們七八句。這等遭（糟）蹋，甚是難堪。

你為何不去告訴官府？出一張告示禁他。

官府也曾回⑰⓪過，告示也曾出了，他馬仍舊放來，小孩子仍舊進來。我想做官府的事務多端，那（哪）裡顧得這點小事？我們若到衙門去稟說，務必央三托四，方得傳話進去。終日侍候，好不艱難。遇着明白老爺，窮究他作炒（吵）館驛不應便妙；若老爺不歡喜，又怪我琉球囉嗦，更覺不美。我們館

---

⑯⑦ 爱：想要。参见注⑬⑧［按］。

⑯⑧ 不听见：听不见。［按］“听不见”福州方言说“𣍐听见”。“𣍐”［ma^6］是“未解”的合音，是方言俗字。

⑯⑨ 故此：因此。［按］表因果关系的连词福州方言说“故此”［kou^5 $tshy^3$］。例如：只几日风寒，～无去斋（这几天感冒，所以没上学）/伊骹𣍐行，～真少出门（他的腿脚不方便，所以很少出门）。

⑰⓪ 回：报告。

裡大家相量[171]，不如把門関上。還是妙計。

[21] 怪道[172]有這樣的事，還是我錯怪了。

老伯不知情由，自然要見怪。如今晚生告明，可以見諒見諒。

23.

我昨日進城。早上天色晴明，到了中午過，天色就變起來。黑雲滿天，大雨倒下，雷公[173]又響，閃電亂閃，地上都是水浸湿，走不得。

後來怎庅樣回家？

坐一乘轎子回来。第二日我又進城有事，恐怕又下雨，穿着皮鞋拿了雨傘去。到下午，天大晴起來，日頭多大的，地上都晒乾了。皮鞋滑不好走，傘又重。挨到南門口，沒奈何又坐一乘小轎回來。真真氣人。不帶皮鞋、傘去，天要下雨；帶得去時，天又大晴。吽人實在難以防備。

春日天氣是定不得的，三日晴兩日雨。不特出門不便易[174]，就是在家裡，忽然又熱，忽然又冷。你若是衣裳脫了，冒着風，還要生病。你尊體須要保重纔好。

你說的話狠不差。我那一日，因天氣炎熱少穿兩件衣服，就凉着。到第二天，頭又疼，身又發熱，鼻水長瀌，喉嚨只是

---

[171] 相量：商量。参见注㉙［按］。

[172] 怪道：难怪。

[173] 雷公：雷，雷声。［按］福州方言词“雷公”：①雷，雷声。例如：拍～（打雷）。②雷神。

[174] 便易：方便。［按］福州方言词“便益”［pieŋ⁶ eiʔ⁷］：方便。例如：洗衣裳真～（洗衣服很方便）。

咳嗽。後來服兩帖藥，發表些汗出來纔好。

這個天［22］氣，真真要小心保養身體。你們比不得我在地⑰的人，我們就有些疾病，一家大小服事。要茶就茶，要湯⑯就湯。雖病心中還不急氣⑰。你們外國的人來到中國。本來水土不當⑱服；偶然有病倒在床上，沒個親人在傍。難有幾個同伴朋友，初時還來問問；你若是病久，他也要厭氣⑲，就委曲照顧，未必十分盡心。看來還是病人吃虧⑱，總不如自家保重為上。

你說的話，句句可圈，可圈！

24.

我新到幾位朋友要自家⑱起伙食⑱，要置辦幾件家私⑱什

---

⑰ 在地：本地。［按］福州方言“在地”指本地、当地。

⑯ 汤：热水。

⑰ 急气：着急，焦虑。

⑱ 不当：不怎么，不很。

⑲ 厌气：厌弃。

⑱ 吃亏：受苦，难受。［按］福州方言词“喫亏”［kheiʔ[7] khui[1]］：痛苦，难受。例如：心间真～（胸口很难受）/病都是～其（生病都是难受的）/伊这一世人都真～（她这一辈子都很苦）。

⑱ 自家：自己。［按］福州方言词“自家”［tsei[6] ka[1]］：自己。例如：～事计～做（自己的事情自己做）/毛人去我～去（没人去我自己去）。

⑱ 起伙食：办伙食。［按］福州方言词“起伙食”：办伙食。例如：一个人自家～（自己一个人做饭吃）。

⑱ 家私：器具，家具。［按］福州方言词“家俬”［ka[1] si[1]］：①家具。例如：《闽都别记》第三一回：“许日遂回罗源，正欲买屋置～，适有一莫姓之旧相好来寻访。”②专门的器具、工具。例如：～全，工夫半（俗语，指手艺在很大程度上依赖一套专门工具）。

物。煩你替他買買。

要買什庅東西？

鍋一口，灶一個，飯甑、鐵瓢、鍋刷、菜刀、柴刀、火鉗、火筒、水缸、水桶、大盆、小砵、炭礶、風爐、七寸盤、五寸碟、菜碗、湯匙、湯甌、茶鐘、酒盞、醬油碟、快（筷）子這些件。還要籬笆屏兩槅，板櫈、鋪板二付。等着就要用的。你如今就要趕去街上，早早買來。我這裡有錢，帶得幾千文去。買了回來，長短有筭⑱。

好，你錢拿來，我即刻就去買，買齊就送進來。

起動⑱。[23]

25.

尊駕那（哪）裡人？

弟是琉球國人。

是大琉球國，還是小琉球國呢？

弟是大琉球國。

到此貴幹？

是來進貢的。

幾年來一遭呢？

一年進貢，一年接貢，年年都來的。

---

⑱ 长短有算：多还少补。[按] 福州方言“长短”指数量上的误差。“有”表示肯定。“长短有算”是福州话的一个熟语，承诺将有一个结算，多还少补。

⑱ 起动：礼貌用语，相当于“劳驾”。参见注⑫[按]。

正貢[186]是怎広樣？接貢是怎広樣呢？

正貢是我國王將方物差官負捧表章，赴京進獻與皇上。接貢是接皇上欽賞物件、併去京官員在閩存留回去。

正貢幾隻船？接貢幾隻船呢？

正貢兩隻，接貢一隻。

船是幾時來，是幾時去呢？

大約來的船是年冬十二月。回去的船是秋天七八月。

來往要得幾天呢？

大海重洋，這是定不得的。順風四五日就到。

假如風不順呢？

風若不順這就要多待日子了。

你進貢有什広寶貝呢？

我敝國地方褊小，沒有什広希奇寶貝，只有紅銅、白剛錫、硫磺這三樣就是了。

還有是什広貨物呢？

還有的不過是些土產：鮑魚、海帶菜[187]、石鮔、墨魚乾、佳蘸、魚蚵[188]、鰟鮨、海膽、螺頭肉、海参、畨蛇、燒酒、醬油等件就是了。

你貴國來的有幾位官員呢？

耳目官一員，正議大夫一員，北京都通事一員，過海都通

---

[186] 正贡：进贡。［按］琉球向中国的进贡分两种：一种是常贡，又叫“正贡”、“例贡”，是定期的，两年一贡；另一种是以请封、谢恩、庆贺等理由不定期向中国进奉各种礼物，其品种由琉球国中山王自定。

[187] 海带菜：海带。［按］“海带”福州方言称“海菜”。

[188] 鱼蚵：干鱼。［按］蚵：福州方言音［kho^5］，本字“薧”，《集韻》苦浩切，干鱼。

事二員，存留通事一員，小通事［24］一員，官舍、財庫、大文、小文八員。

進京的官呢？

進京只是耳目官、正議大夫、北京都通事三員。

幾時上京呢？

大約八月起身。

幾時回來呢？

大約第二年四月回來。

來徃動用的盤費呢？

徃來所用盤費、夫馬、船隻都是皇上恩賞，各處官府供給的。

26.

尊駕是什庅前程？

弟是秀才。

貴國秀才是考進的庅？

敝國沒有科試，這秀才是世襲的。

何事世襲呢？

敝國乃東海番夷，從前聖人的道理都不曉得。明朝洪武年間，國王具表申奏朝廷求為教導。洪武帝命撥閩人三十六姓徃敝國教人讀詩書、習禮數、寫漢字，設立聖廟學宮，與中國俱是一樣。我國王念他有功，又是漢人，遵聖朝之意，授以妻室。生育後嗣，世代子子孫孫都賜他秀才。讀書出仕，與國王辦事。弟们就是這三十六姓之後，所以稱為秀才。

這等看將起來，你也是我們漢人了？

正是。

令先祖是福建那（哪）一府那（哪）一縣籍貫，都曉得広？

這個都曉得。三十六姓之中也有在本府[189]的，也有在上[25]府下府[190]的，家中都有族譜載着。

你既到中國，因何不去認祖？

一則弟居館驛，官府嚴禁，不敢遠離；二則年深月久，人生話異，無從稽考。有這些不便之處。

這也說得有理。

你秀才出仕做官，是怎広樣調選呢？

秀才中有才幹出眾的，有文理通達的，有官話明白的，有辦事敏捷的，此數項舉拔出來做官。隨後遇有功勞，級級漸漸加陞。

你們做官的是月月領俸祿広？

我敝國做官的俸祿不是月月領的。國王撥有地方給我們做官的掌管，年間這地方所出粮米，皆多少繳納王府，還剩多少給做官的收去。這就是俸祿了。

原來如此。你秀才做官，做到多大的止？

我們秀才做到紫巾大夫止。

你貴國還有大官沒有？

有，還有法司官，最大的，國中諸事都要由他主意[191]。

---

[189] 本府：指福州府。

[190] 上府下府：福州方言称福州以北的建阳、延平、汀州、福宁等为上府；称福州以南的兴化、泉州、漳州等为下府。

[191] 主意：做决定。［按］福州方言“主意”可以作动词，表示“拿主意”、“做决定”。例如：老王厝哩事计都是伊老妈～（老王家里的事情都听他老婆的）。

你們秀才怎庅不做法司官？

那法司官是王親國戚做的，譬如天朝滿州（洲）[192] 一樣，我們就同你漢人一樣。也有漢官，也有滿官。

你貴國是那（哪）朝進貢起的呢？

我敝國是唐朝進貢起的。［26］因為前代海洋賊盜蜂起，打刼船隻，雖然進貢，不能如期；今逢聖世，洪福齊天，四方太平，山無伏莽，水不揚波，所以敝國年修貢事，按期進獻。

尊駕來中國幾次了？

弟今年初到。

你初到就會講官話？是聰明的人了。

不敢。我在敝國時，也曾學過官話，只是舌頭不當轉[193]，說出來不當清楚。還求老兄指教，休得取笑。

不敢取笑。真真[194]講得好！我本地的人說鄉談慣了，愛[195]學官音還是千難萬難，含糊將就說出幾句。你外國的人一學就會講，又講得明白。若不是聰明，怎能如此。

老兄太褒奬了，弟不敢當。告別了。

請了。

27.

我想人生在世，君臣、父子、兄弟、夫婦、朋友這五倫的道理，不可不知。蜂蟻尚重君臣，為人豈不盡道。當思君恩山重海深，民溺同於己溺，民飢同於己飢。在官者月縻廩祿，榮

---

[192] 满州（洲）：指满族旗人。

[193] 舌头不当转：舌头不很灵活。不当：不很，不怎么。

[194] 真真：真的，确实。参见注③［按］。

[195] 爱：要，想要。参见注[138]［按］。

宗蔭子，待下何等優厚。求其正心忠君愛國者少，不過苟且職任而已。這是為臣之道大有虧了。

羊有跪乳之恩，鴉有反哺之誼，尚知父母，為［27］人豈不盡道？當思父兮生我，母兮育我；十月懷胎，三年乳哺；未寒而加子以衣，未飢而加子以食；稍有疾，父母日夜心中不安。如此深恩，昊天罔極。求其真心實意愛慕父母者少，不過奉養無缺，他就自稱能孝順，豈知那不孝順處還多哩。這是為子之道大有虧了。

鴻雁有先後之飛，鶺鴒有急難之意，尚識兄弟；為人豈不盡道？當思一脉所生，譬如一身之中，手能相護，足能相隨；若有欠缺，則此身不能完全。雖平日外面知己有人，及至大故，還要自親。求其真心能友能悌者少，不過不聽妻子言語，無爭無議，他就自倆兄弟和氣；不知那敦厚手足的事，豈但如此？這是兄弟之道大有虧了。

鴛鴦日則並翅同飛，夜則交頸同宿，尚知夫婦，為人豈不盡道？當思《周南》首載《關雎》，《召南》先咏《鵲巢》。凡世間百事，都從夫婦中做起。天地是大一[196]陰陽，夫婦是一小陰陽。天地和而後雨澤降，如夫婦和而後家道成。世間往往有這等之人：為夫嫌［28］妻貌醜，為妻嫌夫家貧，遂至反目。求其能百年伉儷、相敬相守者少。縱有那等家室無爭，或且[197]婦人刁惡，丈夫恐外人取笑，不與計較；又或丈夫兇暴，婦人畏他打罵，吞聲忍氣，不敢觸犯。不過委曲順從，免得生氣，

---

[196] 大一：当为“一大”错序。

[197] 或且：或者。［按］福州方言词“或且”［høyʔ⁸ tshia³］：或者。例如：今旦～明旦都会使的（今天或者明天都可以）/买两件～三件（买两件或者三件）。

那有真心唱和之意？這是夫婦之道大有虧了。

兔死狐悲，物傷其類，尚知朋友之誼，為人豈不盡道？當思我有善，他來相勸；我有過，他來相規。可以救生代死，可以寄子托妻。古人車馬輕裘與共，何等誼重！今人交朋結友，大抵都是那勢利上講究。富貴的人，就與他相親熟；貧賤的人，就與他冷淡。你雖有十分真心待他，他却無一點實意向你。若你有錢有勢，那些人都來奉承。見你意好色，就邀[198]你入花街柳巷；見你意好賭，就誘你去賭博場中，從中取利肥己。那（哪）裡有苦口良言勸善規過的好心腸？弄得你家計蕭條，各人都散去，也無一個來問你一聲。內中也有二三個正人君子：他為人正直，不肯谄谀。見你行事不着[199]，就要［29］説你，就要怪你。你起初不知他是好人，把他冷冷看待；他見你如此光景，兩下[200]遂踈遠了。到後來，雖然知道，追悔無益。這都是你有眼不識人，怨着誰來？還有一樣好名譽、假結交的人，不過尋常酒食聚會，往來稠密，他就自稱會交朋友。至于朋友中或遇困乏開口借貸，他就有難色，推三諉四，說七道八，那（哪）肯有周濟之情？這是酒食朋友，不是協心朋友，又大有虧了。

以上五事，是人人所必有的，亦是人人所當行的。能于此

---

[198] 邀：引导。参见注57［按］。

[199] 不着：不对，不正确。［按］福州方言“着”［tuoʔ⁸］作形容词使用，可以受副词修饰，表示“对，正确”。例如：者数算艙～（这账算得不对）/汝看会～艙（你看对不对）？/总款做艙～（这样做不对）。

[200] 两下：很快。［按］福州方言词“两下”表示时间很短，很快。例如：～就做好了/乞我～就做好（让我做一会儿就能做好）。同样的意思也可以说“两下七”。

潛心省察，自少至老，一一盡道行去，畧無一點慚愧于心。

28.

我邀[201]你去看龍舟，你去不去呢？

我去，不知幾時好看呢？

這五月初一日起，至初五日止，五天都爬[202]龍船。初一日，各處龍船出水未齊；初五日，各人要回家做節[203]，爬一陣都散去了。這兩天故此[204]不好看。初二、初三、初四這三天，各處龍舟都在水面鬪爬[205]。那些看龍舟的［30］各帶酒餚，僱隻小船撑在江中。船頭上豎着錦標，給那些爬龍舟的搶。

怎庅樣搶呢？

或兩隻或三隻，大家並排齊齊爬起，看那（哪）個爬得快。先到的筭羸（贏），後到的筭輸。那羸（贏）的將標搶去，輸的就沒分了。

標是什庅東西做的呢？

白紙扇一把，紅布尺餘用線結攏一堆，用竹竿掛起，豎在船頭。這個就叫做錦標。

---

[201] 邀：领。参见注57［按］。

[202] 爬：划（船）。［按］福州方言“划桨”的动作说“扒”，与“爬”同音。例如：《闽都别记》第一二回：“何用争，且让这猴儿没水去～船。”

[203] 做节：过节。［按］“过节”福州方言词说“做节”，一般包含祭祖、祭神和家宴等活动。

[204] 故此：所以，因此。参见注169［按］。

[205] 斗爬：划龙舟竞赛。［按］福州方言词“閗”［tau^5］用在动词、形容词之前，表示竞争、竞赛。例如：～买（竞价购买）/～硬（争斗双方互不让步）/～俊其（一个比一个漂亮）。

有多少人看呢？

看的人多得狠。也有男人去看，也有婦人去看。有錢的僱船，無錢的站在岸邊，或站在橋上，數不清的。那些曲蹄婆㉖，頭髮梳得光光，簪花首飾帶起，臉上把粉擦得白白，耳邊掛着耳墜，手中帶着手鐲戒指，身上穿着兩件新鮮衣裙，拿着竹篙立在船頭，撐來撐去，都在那裡擺浪。真真㉗鬧熱得緊！

這龍舟是何取義爬起來呢？

這龍舟世傳以為楚國有一賢人，名為屈原。身居大夫之職，是個忠君愛國之臣，被同僚奸人嫉妒，讒謗于王，放而不用。屈原因作離騷以舒其懷。於五月五日，遂投汨羅江而死。人慕其賢。將舟共相救之，[31] 是其遺跡。後人□造龍舟，相競渡水，以為游戲。

此五日家家門首插艾懸蒲，又是何所取義？

這五日門前插艾懸蒲，與清明門前插柳同意，都是驅瘟辟邪禳毒之事。這個節乃是天中節，又吗做端陽節，又吗做端午節，又吗做五月節。此日人家置辦魚肉菓品，用雄磺蒲根調入燒酒內宴飲。又將雄磺酒各處噴噴，用黄烟各處放放，以殺毒虫。雄磺酒吃在腹裡，可消毒氣。蒲根吃在腹裡，可延壽數。這一節是最大的。

原來是這樣的。你不講，我是不知道的。

---

206 曲蹄婆：疍家妇女。[按] 福州方言称船户为"曲蹄" [khuoʔ⁷ tɛ²]，女性为"曲蹄婆"。旧时台江码头一带的船户或兼营妓业。这里的"曲蹄婆"就是指这样的妓女。

207 真真：真的是。参见注③ [按]。

今日纔是初一，我們且不要去。等待明日初二，也買幾樣好味⑳⑧，修拾⑳⑨便便⑳⑩，僱隻船同你去看看，作樂了一天，也不負此勝景。到初五日，也備幾碗菜，吃酒賞節。暢快暢快。

29.

今年省中天氣不好，各境㉑①都做禳災。

這禳災是怎広樣呢？

就是古時鄉人儺之意。凢天年不順，寒熱失令，發為疫氣流行。人若觸之，則成瘟病。一人傳十，十人傳百。病者不數日而亡，十人九死，其利害不可勝言。我［32］這裡有五位土神，稱為五福大帝，俗語呌做五帝爺㉑②。他是主管瘟疫之神，有病的都往廟裡投神許願。若是一鄉之中病多者，則挨家照丁口派出錢文，或富貴的加助，在廟中糊一架大大的紙舟。按海船樣修造，也有桅篷，也有椗㉑③舵，船中器具一一齊全。報竣

---

⑳⑧ 好味：好菜肴。

⑳⑨ 修拾：收拾，这里指制作下酒菜。［按］福州话“修”与“收”同音，都读［siu¹］。

⑳⑩ 便便：准备停当。参见注㉒［按］。

㉑① 境：社庙。参见注⑩③［按］。

㉑② 五帝爷：福州民俗信仰的瘟神，又号“五灵公”、“五福大帝”。［按］相传张、钟、刘、史、赵五个秀才见群鬼往井里下药，遂喝下井中之水，以提醒他人。五人则中毒而死。百姓感念，塑像祭祀。旧时瘟疫流行季节，民众都要集资举行“迎五帝”的禳灾活动。五帝塑像形貌丑陋，令人生畏，庙中供奉五帝的屋子通常无窗，光线幽暗，充满恐怖神秘之感。俗言有“官断不能明之事，民间必质于五帝而后服”。

㉑③ 椗：同“碇”，指船锚。［按］福州方言词“碇”［teiŋ⁵］：（船）锚。旧时小木船用绳子系石头为锚。绳索称“碇索”，石块称“碇石”，下锚叫“拍碇”。“碇”、“椗”都是方言俗字，本字可能是“镇”。

之日，通鄉[214]各司執事，香亭大轎，往各澗[215]五帝廟裡請其香火，又向紙糊店中請其神像，囬到境中。是日結綵燃燈，香花蠟燭，設宴演戲。又設一座壇場，道士建醮祈禳，通鄉皆斋戒沐浴，虔心致敬。到第二日，將神像請坐紙舟中，將紙舟抬在鄉中門首遊過，驅除洗淨[216]，放在一所寬厰（敞）地方。宰全豬全羊。山殽海味排設舟前祭祀。祭畢，大鑼大皷，送至水邊，將紙舟用火焚之，謂之送瘟船。往遠方去了，鄉中方得平安。這就叫做禳災。

五福大帝有這樣靈感[217]庅？

這個靈感何消說。我且講給你聽：我這裡人家，有偷人東西者，或做夥計瞞心昧己者，或數目[218]不清者，或挑唆害人爭端不承認［33］者，都去那廟中燒香、點燭、化元寶[219]，將本人年庚八字住止[220]用黄紙寫明，跪在神前賭咒。肯賭咒的，不論什庅大小事情，錢債有無，都歇開手去了。

他賭的什庅咒呢？

---

[214] 通乡：全乡（人）。［按］福州方言词“通”：全，整个。例如：～场（全场）/～乡（全乡）/这主～厝都去做人客（这家全家都做客去了）/～中国毛汝总款做其（全国都没人像你这样做）。

[215] 涧：五帝庙。［按］福州城内民俗信仰的五帝庙，多以“某某涧”为名。例如有东涧、西涧、南涧、北涧、水涧、汤涧、井涧、芝涧、嵩山涧、钟山涧、大西涧等。

[216] 驱除洗净：彻底驱除鬼魅。［按］福州方言词“净厝”［tsiaŋ^{6} tshuo^{5}］：延请僧道来家中做驱鬼的法事。

[217] 灵感：灵验。［按］福州方言词“灵感”［liŋ^{2} iaŋ^{3}］：（神佛）灵验。

[218] 数目：账目。［按］福州方言词“数”：账，债务。例如：做～（做账）/管～（管账）/欠～（欠账）/讨～（讨账）。

[219] 化元宝：焚化纸钱。元宝是纸钱的一种。

[220] 住止：住址。

他賭的咒，當神前跪着禱告，說道：今有某人因甚広事疑弟子，向說不信㉑，同到神前證明是非。弟子若無此事，這是某人錯疑了；弟子若實有此情，神明譴責，後來必遭五瘟之報。這等賭咒。

他這樣賭咒，見有報應沒有呢？

怎的沒有報應？若是神明沒有靈感，人豈肯這樣敬信？如今我福州風俗，那（哪）一家不怕這神明？遇相爭罵一聲“五帝拿”㉒，這就是大大不好話。那人被他罵就惱了。如此看來。我想這神明有靈感還是沒靈感呢？

狠靈感，狠靈感！

30.

我兩日身上有些不自在。胸膛飽脹，四肢痠痛，夜間又睡不着，口又澀，不愛吃飯。

這是小可的病，不打緊。那些葷腥且慢些用，只好煮些稀粥，早夜㉓吃吃。再買些醬瓜、糟薑、糟菜、豆腐乳、淹（醃）鴨蛋配粥㉔。茶也要少飲［34］些。煎些牙餅豆豉葱白湯，口若渴時吃吃。清養兩日就會好了。

㉑ 向说不信：对他解释，他不相信。

㉒ 五帝拿：五帝抓（你）。［按］福州方言的熟语“五帝搦”［ŋu³ ta⁵ nieʔ⁸］是一句诅咒，现在一般仅是表达惊叹的口头禅。“搦”是“捉拿”的意思。

㉓ 早夜：早晚。

㉔ 配粥：佐粥。［按］福州方言词“配”［phui⁵］：①名词；用来下饭或下酒的菜肴。例如：买～（买菜）/荤～（家常下饭的荤菜）。②动词；佐食。例如：～饭（下饭）/～酒（下酒）。

31.

我這心裡十分樵（焦）悶。想着家裡不知是怎庅樣的。

我們出門的人，只管料理在外的事，家中原是顧不得的。要思念家中，就出不得門了。假如思慮過深，弄出一場病疼㉕，反為不美。我今日邀㉖你出去玩玩，看些光景㉗，這個樵（焦）悶自然就散開了。

這省中㉘不知那（哪）塊還有好玩的所在呢？

我省中好玩的所在儘多㉙。那鼓山、鳥石山、九仙山等處你都看過，還有新開西湖，景致幽雅，那地方好玩。到那裡去玩玩？

去有多少遠㉚呢？

沒有多遠，徃西門外去，有幾裡路就是了。

今日去，恐回來不趕㉛。明日早早吃個飯去罷。

狠是。明日去時，帶些糕餅，腹子㉜要餓，作點心送茶㉝。

㉕ 病疼：病，病痛。［按］福州方言词“病疼”［paŋ⁶ thiaŋ⁵］：疾病，病痛。例如：老人一个人住，有了～怎做（老人一个人住，生病了怎么办）？

㉖ 邀：领。参见注57［按］。

㉗ 光景：风光景色。

㉘ 省中：指省城福州。

㉙ 尽多：很多。参见注⑰［按］。

㉚ 多少远：多远。参见注81［按］。

㉛ 不赶：来不及。［按］“来不及”福州方言说“伓付”。“赶”对应福州方言词“付”［hou⁵］，表示（时间）赶得上、来得及。例如：赶紧行固会～（赶快走还来得及）/𣍐～去了（来不及了）。

㉜ 腹子：肚子。［按］“肚子”福州方言说“腹佬”。

㉝ 作点心送茶：作为茶点。

我們往城裡過，買便[234]帶去。

32.

今日迎東嶽會[235]，我和你出去看看。

東嶽是什庅菩薩[236]呢？

天下有五嶽：東嶽泰山、西嶽華山、南嶽衡山、北嶽［35］恒山、中嶽嵩山。這泰山乃是五嶽之首，那菩薩稱為天齊仁聖大帝，專管人間生死禍福之權。東門外建有廟殿，每年三月二十四、二十五，此兩日出行，遍遊城裡城外。所迎的執事儀度與當今萬歲爺鑾駕出遊一般。内中舞獅子的，也有舞貔貅的，也有舉高旐[237]的，也有吹十歡[238]的，也有打八蠻[239]的。還

---

[234] 买便：买齐备用。参见注㉒［按］。

[235] 迎东岳会：东岳神的巡游赛会。［按］福州方言词“迎”［ŋiaŋ^{2}］：展示性的巡游都叫“迎”，兼有游行和展示的意思。例如：～春（明清时官方举办的迎春踩街游行活动）/～街（上街游行）/～灯（花灯巡游）/～神。

[236] 菩萨：神偶。［按］福州方言凡民俗崇拜的偶像都称菩萨。

[237] 高旐：作为仪仗的旐旗，或是大灯笼。［按］福州方言词“高照”［ko^{1} tsiu^{5}］：指官员出行或抬神像巡游时先导的一对大灯笼，上书官衔及姓氏。“旐”与“照”同音。

[238] 吹十欢：福州民间的吹打乐。［按］福州方言“十欢”［seiʔ^{8} huaŋ^{1}］也作“十番”。“十番”乐队由笛、管、笙、椰胡、大小锣、大小钹、云锣、狼丈、木鱼、檀板、清鼓等乐器组成，演奏福、禄、寿、喜等各种曲牌，在迎神、迎亲、寿宴、庆贺科考上榜等场合表演助兴。

[239] 八蛮：迎神赛会游行中一组穿着异族风情女性服饰的“阵头”，称为“八蛮旦”。

有好多人粧扮些判官、小鬼、太監、侍衛、校衛的。還有吊爐[240]披枷帶鎖的，大綑揷標[241]做犯人的，還有拜香[242]的。從人幾千，真真熱鬧的緊。

那些扮作犯人的何事？

這都是或父母有病，或自身有病，當時許下良愿，祈福保安，故此扮成這個樣的。

這動用錢粮出在何項呢？

那錢粮皆有項下[243]。衆人枷鎖愿[244]的，去廟中掛號領文，都有錢的[245]。枷鎖愿人多得狠，則錢亦收多得狠。還有那些行當執事，各人有會，充納錢文以偹動用。内中有人主事，提調料理。二十八日是泰山爺聖誕，前後幾天，廟中排設錦繡唱戲，往來觀看不絕。

---

[240] 吊炉：迎神队伍中发“枷锁愿”者披枷带锁游行，身上吊着插香火的香炉。[按] 据美国传教士卢公明在《中国人的社会生活》中的描写，“一个游行队伍中像这样带着枷锁行走的人有两三千个。披枷带锁的人承认自己是冒犯神灵的罪人，甘愿接受对自己罪行的处罚。根据当地风俗习惯来解释，这种种做法都是为了解除亲人病痛，为了亲人能够活得更长久”。

[241] 大捆插标：迎神队伍中发“斩愿”者模拟受斩刑犯，五花大绑，插着“斩”字标牌。

[242] 拜香：迎神队伍中一部分人一路手拿香火，不时跪拜。[按] 据卢公明在《中国人的社会生活》中的描写，“还有一类人……仅是手中拈着香火。他们走一段就转身朝着神像跪下磕头，起身后继续走，然后再跪下磕头，如此一直反复进行”。

[243] 有项下：有安排好的专项资金。

[244] 枷锁愿：发愿在迎神时披枷带锁。参见注[240] [按]。

[245] 有钱的：要交钱的。[按] 福州方言“免费”说“无钱其”，“有钱其”指要付钱的。

我記得去年十月間也有［36］菩薩出行。那個又是什庅會呢？

那是城隍會。

城隍是什庅菩薩呢？

城隍有一省的城隍，有一府的城隍，有一縣的城隍，主管地方城池、護國佑民之神，凡地方人民生死皆屬所司。這省中的城隍勅封威靈公之職，每年十月初一、初二此兩日出行，也遍遊城内城外。但他比不得泰山。泰山所用儀度與天子同；城隍只用得公職儀度，所以差他一點；但鬧熱[246]好看，都與泰山會相同。

我前遭正二月裡又看見迎尚書爺，這又是什庅菩薩呢？

這位尚書爺是宋朝人，姓陳名文龍，中狀元，出仕做參政官。因國難盡忠，赴水身亡。上帝嘉其忠心，封他掌理水部尚書之職，凡海洋皆屬所司。今洋岐地方是他祖家。南臺建立有廟，終日商船祈禱不歇。他出行沒有定期，或出遊或不出遊，論不得的。但他比泰山、城隍又會差些，鬧熱也還好看。這些迎的都好看。

33.

一座大屋，上有樑椽、塵板、磚瓦，下有地基、地板，中有［37］柱、穿坊、腰板、門户、窗牖、門樓、迴廊、天井[247]、

---

[246] 闹热：热闹。［按］福州方言“热闹”说“闹热”。

[247] 天井：前后建筑与两边廊庑或墙相围成的露天空间。

簷前滴水、陰溝、堦坎[248]、大廳、客廳、花廳、内堂、臥房、披榭[249]、廚房、水井、糞廁等項。

神明所居的為廟，儒士所居的為學，和尚所居的為寺，尼姑所居的為庵，道家所居的為觀，皇帝所居的為殿，官府所居的為衙，賓客所居的為館，讀書所居的為齋，商賈所居的為行，市闤所居的為店，路中棲止者為亭，途上接應者為驛。還有樓、閣、廬、舍，皆因處所稱之。

稱父母曰家父家母，稱公婆曰家祖家妣，稱叔伯曰家伯家叔，稱兄姐曰家兄家姐，稱弟妹曰舍弟舍妹，稱父之姐妹曰家姑，稱母之兄弟曰母舅，稱母之姐妹曰娘姨，稱母舅之妻曰母妗，稱娘姨之夫曰姨夫，稱父之兄弟之妻曰家伯姆家叔嬸，稱父之姐妹之夫曰姑夫，稱父姐妹之子與母兄弟姐妹之子俱曰家表。稱子曰犬或小兒，女曰小女。稱兄弟之妻曰家嫂弟婦，稱兄弟之子曰舍侄，稱妻曰拙荊或曰山妻，[38]或曰賤内。稱妻之父母曰岳父岳母，稱妻之兄弟曰敝巒，稱妻姐妹之夫曰敝襟友或曰敝同門[250]，稱女之夫曰小婿，稱姐妹之子曰舍甥，稱子之子曰小孫。稱先生曰敝業師，稱學生曰敝徒。此其大概也，其餘各以類推之。

稱他人之父母曰令尊令堂，公婆曰令祖令妣，伯叔曰令伯令叔，兄姐曰令兄令姐，弟妹曰令弟令妹，稱他人父之姐妹曰令姑娘，稱他人母之兄弟曰令母舅，稱他人母之姐妹曰令姨

---

[248] 阶坎：台阶。

[249] 披榭：依附宅院围墙的厢房。［按］福州方言词“僻榭”［phieʔ[7] sia[6]］：宅院围墙内侧傍墙的小房间，通常进深较浅。多写为“披榭”。

[250] 同门：连襟。［按］《尔雅·释亲》郭璞注：“今江东人呼同门为僚壻。”今福州方言仍称姐妹的丈夫之间的关系为“同门”。

娘，稱他人母舅之妻曰令母妗，稱他人母姐妹之夫曰令姨夫，稱他人父兄弟之妻曰令伯姆令叔嬸，稱他人父姐妹之夫曰令姑夫，稱他人父姐妹之子與他人母兄弟姐妹之子，俱曰令表。稱他人之子曰令郎，稱他人之女曰令愛，或曰令千金，稱他人兄弟之妻曰令嫂令弟婦，稱他人兄弟之子曰令侄，稱他人之妻曰尊夫人，稱他人妻之父母曰令岳丈岳母，稱他人妻之兄弟曰令舅，稱他人妻姐妹之夫曰貴同門或曰貴［39］聯襟，稱他人女之夫曰令坦或曰令婿，稱他人姐妹之子曰令甥，稱他人子之子曰令孫，稱他人之師曰令業師，稱他人之學生曰令高徒。此亦大概也，其餘各以類推之。

34.

今日乃是七夕，我同你看牛郎織女相會。

那牛郎織女怎庅今晚纔相會呢？

那牽牛星在天河之西，與參宿俱出；織女星在天河之東，居氐宿之下。織女乃天帝之女，天帝憐其勤於機織，配與牽牛為妻。二人夫婦相愛情篤，遂惰其事。天帝怒責，以二星分為東西，中以天河隔斷。每年逢七月初七日，是夜許他相會一遭。

我聞得人間女子都于此夜乞巧，有這個事沒有？

唐宮中每遇七夕，宮女輩各執九孔針、五色線，向月穿之。穿得過者為得巧。又以蜘蛛納之小金盒中，至曉開視蛛絲稀密，以為得巧之多少。後人有好事者，亦以因之。

人說喜鵲駕橋，有這個事沒有呢？

這事不曾看見。古［40］傳七夕一過，那喜鵲頭上的毛無故皆禿，以為是夜做橋架于天河之上，與織女渡過相會牽牛，所以頭毛皆脫去，因有是言也。

35.

大九為人，存心要良善，做事要謹慎，待人要寬厚，處己要謙恭，居富貴不可驕傲，居貧賤不可諂媚。人有賢能，我表揚之。人有忌諱，我包藏之。不義之財勿取，不義之惠勿施，不義之事勿作，不義之人勿交。居家克勤克儉，請客宜敬宜豊。教兒孫務當正道，責奴僕不可苛刑。黄金萬兩，日食不過三餐。大厦千間，夜眠衹容七尺。總求知足，切戒貪心。聖賢無限事業，有志能成。天地許多禎祥，惟和可致。險地勿立，危處勿登，歹事勿近，惡語勿聽。逢人只說三分話，不可全抛一片心。莫信直中直，須防仁不仁。君子安常守己，小人越理亂倫。天道吉凶消長，人事進退存亡。萬事不由人計較，一生都是命安排。懷刑方能免刑，逐利未必得利。為人莫作虧心事，舉頭三尺有神明。積善之家，必有［41］餘慶；積不善之家，必有餘殃。勿以善小而不為，勿以惡小而為之。差之毫厘，失之千里。當思流芳百世，切慮遺臭萬年。自少至壯，自老至終，以此省察，萬無一失。

36.

廟裡做普度，同你去看看。

為何事做呢?

陰間有這等孤魂野鬼，無子孫祭祀的，那善心的人可憐他，于此七月間也有請和尚念經，也有請道士拜懺。或在人家，或在境社[251]，鋪設壇場，掛懸神像，香花水菓，燈燭蔬

---

[251] 境社：土地庙。参见注[103]［按］。

供，五日三日不等，超度他徃生，無墮地獄。尾夜㉕²焰口，搭一座高臺，五個人坐在上面。外頭供一身㉕³紙糊的菩薩，釋家用的是監齋使者，道家用的是太乙救苦天尊。棹上排列素齋㉕⁴幾筵㉕⁵、饅頭幾筵、飯幾盆、菜湯幾盆、菓子幾盤，這是給孤魂野鬼吃的。還有陰銀、錢紙、冥衣㉕⁶焚化，這是給孤魂野鬼用的。不特我們廟中有做普度，各處都有，大得緊。還有那些只夜間就地排設齋飯等件，請一個道士、一個打皷的老排，摇鈴打［42］皷，在那裡念的，叫做施食。這也是賑濟孤魂野鬼的。我廟中做普度的雖像道士粧扮，他不比那街坊上做道士，專與人祈禳賺食㉕⁷的；他是好善修行，奉北斗會㉕⁸。一會百餘人，各捐分金㉕⁹，做些好事。所以比那道士不同。

---

[252] 尾夜：最后一夜。［按］福州方言词“尾”可以作形容词，指“最后”。例如：～行其关门（最后走的关门）/汝头只，我～只（你是头一个，我是最后一个）/～日（最后一天）。

[253] 一身：一尊。参见注[148]［按］。

[254] 素斋：一种供鬼神用的糯米糕。［按］福州方言词“糍”［tse¹］：本字“斋”；指一种糯米糕，扁圆形，以拌红糖的糯米饭为馅，外皮也是糯米粉团做的，白色，正中有一表示吉祥的红点，放在一种称作“粿箬”的新鲜香草叶片上蒸熟。主要用来供鬼神。

[255] 筵：竹盘。此处指盛米糕、馒头的竹盘，一盘盛 36 枚。［按］《说文》段注：“竹席也。《周礼·司几》筵注曰：筵亦席也。铺陈曰筵，藉之曰席。”

[256] 冥衣：一种祭奠的焚化品，代表寒衣，一般与冥钱一起烧。［按］福州的“冥衣”是在草纸上画一些服装图案，折成一个长方形的纸包，用细绳束之。烧给家中去世长辈的冥衣要一人一份，上书死者姓名称谓。

[257] 赚食：赚钱谋生。［按］福州方言词“趁食”［theiŋ⁵ sieʔ⁸］：谋生。“趁”对应“赚”。

[258] 北斗会：简称“斗会”，是福州一种道教的信众团体，礼斗祈福。

[259] 分金：份子钱。

呵。是。

37.

今日八月十五日，乃是中秋佳節。家家户户都買月餅、糖雞、糖寶塔、西瓜、龍眼、枣、梨、藕、菱角、橄欖、黄弹[260]諸色菓子併酒餚賞月。也有去看點寶塔的。那黑塔，就是石塔，在南關[261]之西，白塔在南關之東，兩塔相對。自八月十一日起，至十五日止，這五夜兩邊寶塔七層都點着燈火，光亮射入四面。男女老少遊觀不絕，真個良宵美景！

38.

我有一位好朋友，他父親明朝壽誕。我要去拜壽，辦個禮物送他，不知用什庅東西好呢？

送生日的東西厚薄不等，聽從人便。也有壽軸、壽聯、壽燭、壽麵、壽包、壽酒；也有滿漢席[262]：燒豬、燒鵞、燒雞、燒肝；也有水禮[263]：猪［43］蹄、羊蹄、腰心肚[264]、生魚、金

[260] 黄弹：黄皮果。一种南方水果，状似龙眼，黄皮，味酸甜。
[261] 南关：福州地名，今称南门。
[262] 满汉席：联系上下文来看，此处指烧烤类熟食。
[263] 水礼：指送一些生鲜食材作为礼品，相对于贵重的大礼而言。
[264] 腰心肚：泛指猪羊的下水。

蟳㉖⑤、香螺、活雞、活鴨八色㉖⑥共成一槓㉖⑦，或四色四盒；或都不辦禮物，只包一包麵儀㉖⑧送他，都是使得。

也罷，我想辦個禮物送去，他若是收便好；假如仔細㉖⑨不肯收，挑轉回㉗⓪來，可不是遭（糟）榻（蹋）了？到（倒）不如包個厚厚禮儀，乾折㉗①送與他更妙。

着了㉗②！這纔是相與間朴朴實實。那些花奢粧體面的事情真個無益。

恐他怪我虛套呢？

他一定歡喜不怪的。這不是虛套，其實是通情。

我就是這樣行了。

不錯不錯！

39.

聞得某人他令堂仙逝，我要去弔紙㉗③。不知當備何物呢？

---

265 金蟳：青蟹，成熟膏满的青蟹腹甲呈金黄色，叫“金蟳”或“红蟳”。参见注㊲［按］。

266 色：种类。

267 一杠：一抬（礼品）。［按］福州方言词“杠”［kauŋ⁵］：约两米长的毛竹筒，用于两人一前一后合抬重物。民俗送大礼都用一种专用的多层大竹筐，两人抬，披红挂彩，称为“彩杠”。

268 面仪：祝寿的礼金。［按］福州习俗，祝寿送象征长寿的“索面”（线面），以礼金代，称为“面仪”。

269 仔细：客气。参见注⑭⑤［按］。

270 转回：回，返回。［按］福州方言“回去”说“转去”。

271 干折：以现金代替实物礼品。

272 着了：对了，正确。

273 吊纸：携带纸钱香烛等前往吊丧。

偹的東西不過是打一盤紙或陰銀[274]，用一包香儀、一包奠儀，其餘或祭文輓聯，有無隨便就是了。

香儀怎庅樣？奠儀怎庅樣呢？

香儀是買香燒給他的，奠儀是買菜祭祀給他的。孝男惟敢收香儀，不敢收奠儀。

幾時去好呢？

我這裡鄉俗，厚見的，在成服内去；相識的，在成服外去。

怎庅樣叫做成服呢？

人死之日筭起，至第六天為成服。親初死之時，為子者悲傷痛切，披［44］髪赤足，不食不寢。親眷人等代他偹辦棺椁衣衾，殯殮明白；然後設立靈位，開起孝堂，掛起孝簾，放出告喪牌開吊。那些蔴冠蔴衣孝服必須数日方得齊偹，所以要待六日。孝男同孝眷人等穿起凶服執杖，舉家行禮，故曰成服。

我們如今成服内去作弔，下回还用去不用呢？

怎么样不要去？你如今去作弔，他于成服前一日放帖子來，偹有酒席，你于成服日一定要去的。在靈前行禮畢，就位吃酒，吃完回來。至三四七[275]，孝男又放帖子來請做祭，你那

---

[274] 纸或阴银："纸"指"纸钱"，和"阴银"一样都是祭奠用的冥钱。［按］"纸钱"福州方言说"钱纸"。

[275] 三四七：三七或四七。［按］福州旧俗，丧家七日一祭，叫"做七"。人亡后第七日是"头七"，即成服日。据卢公明《中国人的社会生活》："第二十一天，即'三七'，专门招待有一定社会地位的亲戚朋友。宾客先向亡灵跪拜志（致）哀。……（雇来的）礼生在这个时候宣读祭文，赞美死者生前行善积德，然后死者的全体子孙从相邻的房间内出来，在众宾客面前跪下，磕头三次，向宾客致谢。在这一天受邀请的亲友一般都要亲自前来……"

一日一定又要去的。仍在靈前行禮，聽宣讀祭文畢，就坐登席，吃完回來。其餘孝男或放帖子來請七酒[276]，請敘謝，去不去不打緊。那兩遭請成服、做祭，若是不去，孝男就要怪的。

若本日有大事，或病疼[277]，怎庅樣去得呢？

十分有事、遇病，也要個兄弟子侄輩替你去，方不失禮。

原來是這個道理，我如今曉得了。謝教謝教！

不敢不敢！

40.

明日重陽，人人都去登山，叫做登高。

怎庅叫做重陽？

九［45］乃陽數。九月九日，兩陽數兩重也，故名重陽，也有人叫做重九。

這登高有何緣故呢？

古時有一人，姓桓名景，隨費長房遊學。房謂景曰："九月九日，你家當有大災厄。令家人縫囊盛茱萸系臂上，登山飲菊酒，此禍可消。"景從其言，舉家于是日登山。至暮回來，見家中雞犬牛羊一時暴死。驚異問房，房曰："代爾合家衆人死矣。"後人每逢九日登高，盖因此意。

那茱萸菊花怎樣就能消此災厄呢？

仙書云：茱萸稱為辟邪翁，菊花稱為延壽客，故假此二物，以消重九之厄。

原來有這等好處！也帶此二物，辦幾碗菜，帶幾壺酒，同

---

[276] 七酒：丧家七日一祭，备酒席招待来致祭的亲友。

[277] 病疼：生病。参见注[225]［按］。

你到山上樂一樂!

41.

那天上飛飛的[278]是什庅東西呢?

叫做紙鷂,又叫風箏。我這裡七月就放起到如今。好玩的糊一個大大的,也有畫着人物,也有畫着禽虫,拿一綑粗粗蔴線,或在樓臺頂,或在街坊間,或在教場,或在山坡,朝着風頭的放。也有放得高的低的、遠的近的。至夜間不收,[46]點着燈順風吹上,那燈火光亮亮的。人曉得的,是紙鷂上燈火;不曉得的,疑是天上的星,怎庅這樣大?就在那裡仰望。

閑常怎庅不放,都挨到秋時,何緣故呢?

閑常我這裡的風氣是自上吹下來,紙鷂不得[279]升高;到了秋時,風氣是由下刮上去,紙鷂纔可以放得起。

這樣說,放沒有多久?

登高過,漸漸就少了。

42.

你這人小氣得狠,菜蔬不捨得買一樣吃,衣服也捨不得做一件[280]穿穿。終日吃的只是稀粥菜羹,穿的只是破襖。朋友也不接待,親戚也不往來。一文銅錢就像你的性命一般。若人少

---

[278] 天上飞飞的:天上飞的。[按] 福州方言动词重叠式后附结构助词"其",构成名词性的单位,意义和作用相当于普通话的"(所)……的"。例如:头先讲讲其许件事计(刚才所说的那件事情)/前蜀回去去其许间店很好(上回去的那家店不错)。

[279] 不得:不能。

[280] 法政大学抄本作"一様"。一样:一件。参见注㉑[按]。

欠你些須，就與人拌死忘生、水火不顧爭取。至于有病，也不去投神保病，也不去請醫喫藥；死寧可給他死，想要用錢，這是萬萬不能的。你雖有田園產業金銀財寶，一朝大限來時，催你去見閻王，那些東西豈能帶得一點去？不過一部棺材收殮尸骸而已。從前千辛萬苦，不食不用，積蓄成個大家，到如今都不相干了，豈不是癡愚太甚庅？［47］雖你稱為有錢之人，其實是看財奴。那財借你看看，怎能消受得起？生好的子孫，還守得住；生不肖子孫，亂嫖亂賭，大食大用[281]，只消三年兩載，把那些產業弄得罄盡，錢財空虛。不用得數十年間，將祖父儉積白白的送與别人去享福了。閑人還要議論道：某人那様錢財利害[282]，怎的不長久呢？説長説短，也有嘆息你的，也有取笑你的。你神魂有知，將必悔恨于九泉之下矣。我今勸你，雖不可華奢過費，當食則食，當用則用；不可太過，不可不及，凡事擇中而行。堪嘆人生在世，那（哪）有百歲之人。乘時作樂，衣禄[283]受用，安享暮年。何必終日勞勞碌碌，為錢財苦累？古語説得好：命裡有財終須有，命裡無財莫強求。又道：兒孫自有兒孫福，莫與兒孫作馬牛。那錢財不過是世上之物，能消受者為福，不能消受者反為累。我與你相好，冒言衝犯，不要見怪。

承你教導，我如夢初醒。謹當佩誦，我感謝不盡了。

---

[281] 大食大用：大肆吃喝花费。［按］福州方言词“大食大使”泛指大手大脚地吃喝玩乐。“使”指“使钱（花钱）”。

[282] 利害：精明，计较。

[283] 衣禄：衣食福分。

43.

[48] 明日冬節，各官都要到西門外皇帝亭那裡拜冬。

冬至也筭得大節庅？

冬至應子建，在地支十二之首；屬黃鍾，居律呂十二之先。周朝用之為正月，稱曰亞歲。天子曆書于是時頒行天下，這節如何不大呢？我福州風俗，以冬至前一夜，用㉘④糯米泡濕，杵碎成粉，將㉘⑤紗羅篩得細細的，調滾湯㉘⑥和作一團。一家男女大小老少齊集，點一對大燭，放在棹上。放三聲炮仗，將粉放在手中，兩手合搓，搓畢收好。冬至日早早放在鍋內熱湯煮之。浮于湯面則熟透。盛起碗中，加些糖散于上，名為湯圓。先供神明，次供祖宗。供畢，然後大家纔吃。各家普遍都是如此。

這湯圓有什庅口味，如此珍重呢？

雖沒有什庅好口味，因是鄉俗，前作後述，不得不如此珍重哩！

44.

這兩天冷得狠，房瓦上都是霜，地下水都結成冰，衣服雖穿得多，不見煖，脚手㉘⑦冷得要斷。

㉘④ 用：把。

㉘⑤ 将：用，拿。[按] 此处把“用”作为处置介词，把“将”用作工具介词，可能与方言的影响有关。

㉘⑥ 滚汤：开水。参见注⑪⑧ [按]。

㉘⑦ 脚手：手脚。[按] 福州方言“手”与“脚”并列时说“骹手” [kha¹ tshiu³]。

這樣冷天，那棉袄不濟事，要穿皮草方好。脚手若冷，弄個手爐脚爐［49］烤烤。

這外面有了可以遮寒；腹裡冷起來，有什庅主意呢？

這有何難，煖鍋弄一個，中間紅紅炭火放些，菜拑幾樣入煖鍋裡，盖着給他湯水滾㉘滾。酒盪（烫）上兩壺。熱熱酒斟起來，菜送起來，吃得又飽又醉，腹裡就煖了。外面有外面方法，腹裡有腹裡方法，怕他天寒地凍則甚！

依你這等說，若是有錢的人，固然做得來的；假如那沒錢的人，怎庅處呢？

沒錢的我就不知道了。

這是你只知道富貴受用，不知貧賤喫虧㉙。又道是素富貴行乎富貴，素貧賤行乎貧賤。

不管他，且來受用受用！

45.

今日教場大橾（操）兵，好看得緊。那些官坐在官廳上，那些兵都在教場中。騎馬的列一排，带弓箭的列一排，打牌鎗的列一排，舞藤牌的列一排，打大砲的列一排。也有穿盔甲的，也有穿虎衣㉚的，也有穿號帽號褂的。兩邊架起帳篷，團團圍住。帥臺上一員官，手執令旗一招，號砲一聲響，那馬就跑起來，眾兵疾走，交互［50］歸立本隊大旗下。那些鎗砲就响起來，打得有一個時辰久。一住大家都住，齊齊整整，並無

㉘ 滚：沸腾。

㉙ 吃亏：艰难，痛苦。参见注⑱［按］。

㉚ 虎衣：清军的一种作战服，据说对付敌方骑兵有奇效。［按］康熙时，林兴珠率领的福建虎衣藤牌军曾在雅克萨城打败俄军，名声大噪。

有一個先後參差之聲。然後鼓亭上金鼓吹打，退于照壁牆邊，把木城[291]遮蔽密密的，也沒有一個人看見。真真嫻熟！

你在那（哪）裡看呢？

我在玉皇閣[292]山頂看。

怪道是我都不曾遇着你。

你又在那（哪）個所在[293]看呢？

我站在官廳牆邊看。我那裡近，看得明白；你那裡遠，看不真[294]。

雖然好看，人多擠得狠，那攔人的又要拿皮鞭打。到（倒）不如我那裡自在，遠遠看去覺得十分有趣。

這也說得是。還讓你老本[295]。

46.

如今年逼了[296]，各人都不是心思[297]。

為何不是心思呢？

---

[291] 木城：古代安放于城外或城垛的守城战具。明代戚继光《纪效新书》卷十五："用大小木为之，每扇阔五尺，高堞五尺，滚木三道，赘大竹钉，浮于拴上。约可一人负之而行，轻重适均。在城上则立在垛口，防夜袭登；在兵中可连而下营，立成营盘。"

[292] 玉皇阁：福州于山顶上有一座九仙观，第三殿为玉皇阁。

[293] 所在：地方。

[294] 看不真：看不清楚。参见注[80]［按］。

[295] 老本：本地人。

[296] 年逼了：快过年了。［按］福州方言说"年兜了"，"兜"是动词，"靠近"的意思。

[297] 不是心思：心烦意乱。"思"当读去声。［按］福州方言词"伓是心思"是个熟语，指心烦意乱，忧愁。"心思"或写为同音的"心事"或"心绪"。

你不知道，過年項下多：人有欠我的，一年積到如今，要討；我欠别人的，要還；家中妻子要買幾疋布做衣服穿，又要買些年貨。

要什庅年貨呢？

肉幾十觔、雞鵞鴨幾隻、鮮魚幾尾、絲蚶[298]十數觔、鹹淡食物、菜蔬、柴米、油塩、醬醋、茶酒、香燭、元寶、陰銀、錢紙等項，還有菓子：紅［51］桔[299]、瓜子、花生、枣圓、柿餅、紅黑枣、番薯乾、甘蔗、莓莳[300]、黃蘿蔔[301]諸色[302]，様様都要費錢。

不買他做得做不得[303]呢？

做不得。一家之中供有菩薩，一境之中供有土神，都要俻個五牲禮儀或三牲禮儀，在神前拜拜辭年。至除夕，父母、兄弟、妻兒大家坐攏，吃個團年酒。其餘遇有親戚朋友來拜年，以便留他吃個新年酒。有小孩子來拜年，分些菓子與他，又分些銅錢與他。那家裡做些新鮮衣服，也要去别人家拜年，或人來家裡，有兩件好衣裳也見體面。這些項，一點都是少不得的。

有一等人，赤貧如洗，借又沒有地方去借，挪又沒有地方去挪。怎様好呢？

---

[298] 丝蚶：蚶子的一种，个儿较小，壳呈纯白色，肉质鲜嫩。

[299] 红桔：红色的福桔。［按］福州产的桔子皮呈鲜红色。福州方言“桔”与“吉”同音，过年祭祖、招待客人必用红桔。

[300] 莓莳：荸荠。［按］今福州方言说“尾梨”，与“莓莳”音相近。

[301] 黄萝卜：用黄泥腌的萝卜。

[302] 诸色：各种类。

[303] 做得做不得：可以不可以。

這等人叫做沒奈何了。凢人心都想勝過人，那（哪）肯愿[304]不如人。到那窮乏地位，講不得了；若是略略有點力量，也要輕輕鋪序[305]，家中給妻兒歡喜，外面給親友敬重。所以勉強傜辦，不肯令人取笑。

這果然是，這果然是！

47.

你這裡人家，于十二月念三念四[306]此兩日送灶，有沒[52] 有[307]呢？

竈君為一家所尊，司命之主。凢人飲食，必經其處。上帝委他在人家考察功過，凢一歲上天一次呈奏。古傳于歲末此二日送灶，今人因之。

灶君上天，有人看見沒有呢？

菩薩乃幽微之事，那（哪）裡許人看見，不過是想像而已。

用什庅禮物供養呢？

也有葷菜的，也有素菜的，糖料、菓餅等儀。

别位神明也上天去不去呢？

各位神明都一齊上天，各奏所司之事。

幾時回來呢？

---

[304] 肯愿：甘愿。

[305] 轻轻铺序：略为统筹安排。

[306] 念三念四：（农历）二十三、二十四。［按］福州旧风俗，官府腊月二十三祭灶，百姓二十四祭灶。即所谓“官三民四”。这可能是由于官府循北方习惯，腊月二十三过小年，而南方晚一天。

[307] 有没有呢：有没有（这回事）呢。

于來年正月初三初四兩日回駕。各家都具香燭迎接。
如此看來，這十日間，凢世都沒有神明？
這個不得知道。只是前人如此作，今人如此述就是了。
今夜歲除，一年都平安，恭喜！
大家同喜！

学官话

1.

［1］尊駕到敝館貴幹？

答：我到貴館，要見你們老爺說一句話，不知你們老爺在家庅？

答：我們老爺剛纔有公事出去了，不在家。

問：幾時纔得回來呢？

答：這個到（倒）也沒憑據，不知道什庅時候纔回來。

說：你們老爺不在家，我且回去，另日再來。停會[308]你們老爺回來時節，有勞將我來的事情，替我講一聲，千萬千萬！

答：曉得曉得。

---

[308] 停会：过一会儿。

說：請了！

答：不送了。

2.

問：這幾天你們到那（哪）裡去來？［2］都不曾見。

答：這几天我們七八個大夥去皷山[309]住了四五天。絶頂、喝水岩、白雲洞、平楚，那（哪）一塊[310]不走到。玩到快活[311]，昨日纔囬來。

說：怪道我當是你們那（哪）裡去了，原來去皷山玩。你們去時都不邀我一聲，就偷偷自己去了，該罰纔是！

答：該罰該罰！

問：你們到皷山看光景，做詩了沒有？

答：我們到那裡滿處[312]走，玩都玩不過來，還顧得做什庅詩？不過玩一頓暢快，大家囬來就是了。

3.

說：我們是琉球館裡存畱[313]的，特來求見老爺，有個下情稟上老爺。求將爺[314]們替我們囬[315]一聲。

問：你們有什庅話先對我說，我就替你進去囬老爺。

---

[309] 鼓山：鼓山在福州东郊，有涌泉寺、绝顶、喝水岩、白云洞等胜景。

[310] 那（哪）一块：何处。

[311] 玩到快活：玩个痛快、尽兴。

[312] 满处：到处。

[313] 存留：留驻（人员）。

[314] 将爷：百姓对兵勇衙役等的尊称。

[315] 回：转达。

答：我們萬里水洋過海來到這裡，存留看館。館内務必安靜，混雜不得。目下有許多閑雜人等，天天來館内囉唆。我們又不敢得罪他，好話對他說，他又不聽。沒奈何來求老爺，發一張告示掛在館門口，使他們不敢進去囉唆，就是老爺莫大的恩了。求將爺將我這個話，有勞替我進去囬一聲。我在這裡候着。

答又吩咐：好了，［3］你等着，我替你進去囬。

答：多謝多謝！

說：老爺吩咐出來說，叫你們請囬去。這些事情老爺都知道了，即刻就寫告示。寫完了，就着人去張掛。這些閑雜人再不敢進去打攪你們了。

答：有勞了，多謝了！

4.

說：弟今年初到中國，中國的道理，一些兒都不曉得，恐怕有失禮得罪。老兄臺念我們是外國人，不知禮數，千萬不要見怪。

答：豈敢豈敢！

說：今日主意，要去外面走走，看看景致，散散悶兒。早起好晴不過的，到喫飯後下起雨來，去不得。這個景致看不成了，如今坐在家裡，越坐越悶，十分悶得緊。又想着家裡親戚，真個是悶上加悶，愁上加愁。怎庅好呢？

答：你拿些錢出來，我去買些菜，打些酒來。把菜快些修拾[316]起來，酒快些盪[317]起來，把棹子抬出來，把椅椎起來，把菜端在桌上，把酒篩放杯裡。我們大家和你來發拳行令，講些咲話，說些古今。玩到快樂，這些愁悶自然都散開了。好不好？

答：好，這個使得。

5.

稟說：稟上老爺，小的（卑職）[318] 奉王命接貢，去年在［4］本國開始過洋，到半路遇上大風，被風飄到金門圍頭地方。那時節真是萬死一生。上賴朝廷的洪福，下賴國王的洪福，纔得平安。今日船到這裡，求老爺可憐遠人，早賜吊進[319]內港，安揷[320]館驛。小的（卑職）等感恩不盡了。

6.

說：晚生今年做総管，到中國沒有什広别的緣故，一來要學官話，二來要學中國的礼數。如今到這裡了，求老先生着寔用心，教訓教訓。

答（問）：好的狠，弟自然効勞。你令尊令堂令兄，在家都納福広？

答：託福，都平安。晚生起身時節，家父家兄吩咐晚生

---

[316] 修拾：收拾，整治。参见注[209]［按］。

[317] 盪：通“烫”，指温（酒）。

[318] 小的（卑职）：原抄本中“小的”和“卑职”作为同义替换词写小字左右并排。

[319] 吊进：调遣进入。

[320] 安插：安排入住。

說，吽晚生一到中國，就到老先生府上來請安的。只因行李並東西未得安頓明白，故此[321]不得到老先生府上來。今日不想幸會着老先生，真真歡喜了不得。

答：豈敢。

7.

說：前日離了船，到館住下，就要到尊兄府上來奉拜。因房子漏了，吽泥水匠來修拾，不得閑了兩三日；又認不得路，邀秀才們帶我纔去得，故此擔（耽）擱了。不要見怪。

答：豈敢。

說：今日老兄到敝館來，好得狠！請樓上坐。[5] 天時熱，請陞冠，衣服請寬一寬，盤桓了去。弟沒有什庅好東西奉敬，敝國帶來的燒酒請一杯何如?

答：狠多謝了。

答：我們都是好相與的朋友，來這裡，不過便菜喫鐘酒兒，有什庅多謝。弟是做客的人，終日坐在家裡悶得緊。這個日子其寔[322]難過。老兄有閑的時候，到敝館陪弟談談，也是你們的情。

答：好了，我閑就來。如今黑了，我囬去罷。請了。

答：等我送下樓去。

答：請留步，不消送。

說：這樓梯不好走，仔細[323]下去。

---

[321] 故此：因此。参见注[169]［按］。

[322] 其实：实在，着实。

[323] 仔细：小心谨慎。参见注[145]［按］。

答：曉得。

說：請了，弟不送了。

8.

學生一心要學官話，如今釘幾張紙，送到先生這裡來，求先生有閑[324]的時候，替學生寫些官話教我。

答：你將紙放在這裡，我得空的時節就寫，寫好了慢慢來教你。

說：有勞先生了不得[325]。

剛纔你托我對某人說的事情，我去了一遭。他因公事到程大夫樓上去了。等他下樓來，停一會我再去看看。

［6］聽見他們說，今日教場裡大操兵，甚是好看。到先生這裡告了假，同他們衆人到教場後碧山寺上頭去看看。不得陪先生，失禮了。

說：有人說，今晚南門外扮故事[326]，齊整[327]得緊，鬧熱得緊。今晚我們早早吃了飯，大家去到南門各處看看，到更盡時候就回來。好不好呢？

他們講，明日萬壽庵那箭道裡做戲，好看得狠。我們明日

---

[324] 有闲：有空，空闲。［按］福州方言“有空”说“有闲”。

[325] 有劳先生了不得：非常麻烦先生了。

[326] 扮故事：穿古装戏服的各种街头表演。

[327] 齐整：漂亮。［按］福州方言词“齐”［tse^2］有“漂亮”义。例如：三只三其排，台中第一～（三人并排走，中间的那个最漂亮）。

吃了早飯就到那裡，借條板凳坐着看看。我來邀[328]你同去，好不好？

答：你千萬來邀我同去，我一定這裡等你了。你不要失信！

我明日要去鼓山拜見大和尚，要求他寫几幅字。務必要送幾色[329]禮物。不知道偹辦那（哪）幾樣去呢？

答：要送和尚的東西，不過買幾件蔬果就是了。

問：見他必定要寫個帖兒去，不知用单帖好還是全帖[330]好？

答：要用全帖纔是正礼。

問：要用礼单不用呢？

答：要用么。

說：既然這樣說，你明日來教我寫個拜帖，寫個礼帖。

答：[7]你東西偹辦現成，我明日來教你寫。

聽見某老爺到了洪山橋，城裡各官絕早都出城到洪山橋[331]迎接進城來，就要到任。不知有這個事沒有？

答：有這個事。

---

[328] 邀：带领。参见注57［按］。

[329] 几色：几样。

[330] 全帖：旧时礼帖的一种。用红纸制，共有十面，横叠而成。用全帖表示恭敬郑重之意。

[331] 洪山桥：福州西郊跨越闽江的一座古桥。［按］洪山桥旁边是闽江客运码头，清代建有接官亭。从闽江水路南下福州的官员，在此上岸进城。

明日立春，福州府並閩侯兩縣各官都到東門外春牛亭去迎春。也有春牛，也有扮故事[332]，好看不過。我們早早起來，洗臉吃了點心，同去東街双門前那所在去看，好不好？

答：好了。

9.

你們是那（哪）一國？

答：弟們是琉球國。

問：是大琉球庅？

答：是。

問：你們幾時到的？

答：弟們旧年十一月某日在本國開船，本月某日到定海湾泊[333]，某日到怡山院[334]。蒙閩安鎮總老爺報明督撫兩院，吊進新港[335]口。如今貢物搬上館[336]裡，大家都安穩了。

問：這樣庅，你們進貢的是甚庅寶貝呢？

答：沒有甚庅寶貝。敝國是個窮國，只有紅銅、錫幾件[337]。

問：你們那邊有皇帝庅？

答：沒有皇帝，只有國王。

問：你們國王，是稱萬歲還是千歲呢？

---

[332] 扮故事：民俗庆典活动中穿古装戏服的各种街头表演。

[333] 湾泊：靠岸停泊。

[334] 怡山院：位于福州市亭江镇的一座妈祖宫。参见注⑦［按］。

[335] 新港：福州地名，在今台江区。

[336] 馆：指琉球馆。参见注[165]［按］。

[337] 几件：几样。参见注㉑［按］。

答：我［8］們國王不敢稱萬歲，只是稱千歲。

問：你們有官兒來庅？

答：有官來。

問：有幾品？

答：有三品四品不等。

問：你那裡也讀書庅？

答：讀書。

問：讀什庅書？

答：四書五經都讀。

問：會寫漢字庅？

答：會寫，讀書寫字和中國都是一樣的，總是字同音不同就是了。

問：你那裡也有姓庅？

答：有姓。

說：這樣說，和我們中國的人，差不多一樣的了？

答：正是[338]。

10.

如今暑天時候，夜裡短日裡長了。晚間蚊子狠多，跳蚤又多，翻來覆去，一夜總睡不着，真個沒奈何。

答：你只講蚊子跳蚤的利害，那臭蟲还不利害庅？

說：那臭蟲還拿得，那利害還會差些。

答：那蚊子雖然利害，我有帳子，怕他怎的。

---

[338] 正是：是的。［按］福州方言“正是”已经词汇化，作为表示肯定的双音节应答词。

說：你不知道，那帳子輕輕㉝有一點窟窿，那蚊子一個一個都鑽進帳裡來，在你那耳朵邊來轟轟叫，弄你睡也總睡不着。你講利害不利害庅？

答：這樣說，其實[340]利害，利害。

11.

今日是清明日，我要去先祖墳上燒個紙，祭掃祭掃。［9］你若得空的時節，同我到那裡走走罷，肯不肯？

答：肯了。

說：你去換個衣帽來就走。

問：你令先祖的墓在那（哪）一塊[341]？有多遠呢？

答：近不過的，一出東門外，不多遠就是金雞山[342]。那山邊就是先祖的墓了。

12.

說：如今春天的光景，多有困倦，沒有精神。古人說“春色惱人眠不得”，真有這個事[343]。

答：如今的天氣，乍寒乍熱，最難照顧身體。你們仔細[344]

---

[339] 轻轻：稍微。［按］福州方言词“轻轻团”［khiŋ¹ khiŋ¹ kiaŋ³］：稍稍，略微。例如：～行囇腰就疼（稍走几步就腰疼）。

[340] 其实：着实。

[341] 那（哪）一块：哪个地方。

[342] 金鸡山：山名，在福州城东门外。［按］《闽中记》载：“秦始皇时，望气者云：此山有金鸡之祥。”

[343] 真有这个事：真的是这样。参见注[157]［按］。

[344] 仔细：小心谨慎。参见注[145]［按］。

自己調理要緊。

又說：我自到這裡來，肚裡覺得有些怪脹，想必是水土不服庅？

答：明日請個内科先生來看看脉，藥撮兩劑㉟喫喫就好了。

昨晚好幾個朋友到樓上去玩耍。大家坐在那裡喫茶，談談些閒話。差不多到三更時候纔囬來睡覺。今日身上好不自在，坐着就要打盹，做不得事情。

说：今日天晴得狠，我同你大家出街去滿處[346]走走玩玩，好不好？

答：今日我懶得走。等明日後日有閑時節[347]，我同你進城裡去，到烏石山、范公祠[348]、平遠臺、玉皇閣、［10］靖南王的王府各處去看看。

13.

告訴：我們的船灣泊[349]這怡山院地方，恐怕夜間有賊船來，不便得狠。求老爺天恩，准放我的船進去裡面灣泊，沒有

---

[345] 药撮两剂：抓两服药。参见注㉟［按］。

[346] 满处：到处。

[347] 有闲时节：有空的时候。参见注[324]［按］。

[348] 范公祠：范承谟祠堂，在福州乌石山。［按］范成谟（1624—1676），康熙时任浙江巡抚，福建总督。三藩之乱时不肯附逆被害，谥号忠贞。

[349] 湾泊：停泊。

干係[350]。

問：你們老爺是什庅前程？

答：是大夫。

問：你到中國做甚庅？

答：是國王差來上京進貢的。

問：你到中國有幾遭了？

答：我從來不曾到過這裡一遭，是初來的。

說：你纔來就會說官話，是聰明的人了。

答：豈敢，我不會講，說的話不明白。求老兄替我轉言，不然不曉得詳細。

14.

問：你們琉球船到這邊來，是做甚庅的？

答：我們是來接王舅的。

問：你王舅是幾時來的？來這邊有甚庅事幹呢？

答：我們王舅是舊年來的，是國王差他來慶賀皇上的。

問：你們來到這裡要做幾天走[351]？

答：這个论不得，顺风六七天就到。

问：假使不顺风呢？

答：不順風就艰难了。

---

[350] 干系：相关责任。

[351] 做几天走：要走（航行）几天。［按］福州方言的“做”用在时间频率状语前，有“安排、计划”的意思。例如：～蜀顿食完（一顿吃完）/～两下煮（分成两次煮）。

問：你們來進貢，是甚庅東西呢？

答：我們敝國地方小，沒有什庅好物件，只是硫磺、紅銅、白剛、锡[352]，[11] 帶來進貢就是了。

問：你們來，一路水洋並各港口都平安庅？

答：都平安。

問：沒有歹人庅？

答：沒有。

說：恭喜！

答：多謝！

15.

問：老兄來這邊，有什庅事呢？

答：小弟特來中國讀書。

問：貴姓呢？

答：不敢，賤姓鄭。

問：今年多少年紀了？

答：今年十五歲了。

問：青年[353]得狠耶，尊號？

答：小弟年幼，不曾有號。

問：這一位老兄上姓？到這边幾年了？

答：小弟姓阮，來這邊住了四年多了。

說又問：嗳，離家好久了，想家庅？

答：想家二字是不消說的。

---

[352] 原本“锡”字脱，据《尊驾》补。

[353] 青年：年轻。

說又問：自然自然！如今幾時囬去呢？

答：今年五六月要囬去了。

16.

你們是進貢的船庅？

是也。列位將爺到敝船有什庅事情呢？

我們是奉官府差來海上巡哨的哨船，看見你們的寶舟在這裡，務必攏過來，查問明白，好打報囬去，稟我們老爺知道。

既是哨船，船裡必定有老爺了。

有的。

既有老爺在這裡，煩勞將爺代我稟一聲，說我們的船既到這裡了，求老爺快些轉報給海防老爺並各位大老爺知道，明日我們就好放［12］船進去。免得在這裡擔（耽）擱日子。

17.

弟舊年到大清，在福建只住得一個月就進京去了，到今年纔囬來。新舊兩年，感蒙朝廷隆恩，賜我錢粮。雖不致飢餓，只是離家年月多了，未免念家。如今又見敝國的船到這边，心裡思想囬國，切念了不得，恨不得明日就開船纔快活。怎奈官府不曾發放，怎庅好？如今沒有別說，只是懇求老爺替弟去対布政司房裡相公說，托他速速轉達官府，早出囬文，給我囬去，就感謝老爺的恩德不盡了。

18.

你是那（哪）裡人？

我們是中國南京人。

南京是那（哪）一府那（哪）一縣人？

我們是鎮江府某縣人。

到這邊做什庅？

我們是遇着風飄來的。

你們在大清是哨船還是做買賣的船？怎庅樣給風飄到這裡來呢？

我們是儎某樣東西要到某地方去做買賣的船，駛到某地方，被風打到這塊[354]來的。

你船上共有多少人呢？還有什庅貨物沒有？

我們共是十幾個人，貨物還有些少的。

19.

久［13］違！這一向都不曾見。

這幾時有些窮忙，故此[355]不曾會着。

好久不曾見，今日遇着老先生，心裡不勝歡喜。不知老先生這會要到那（哪）裡去？

我有一樁事，到這附近尋個朋友相量[356]。

尋着他了沒有？

我纔到這裡，还不曾到他家去尋他。

且到舍下奉了茶去罷。

不敢進擾，多謝罷。

老先生不要這般仔細[357]，既到這裡，請進奉杯茶何妨呢？

---

[354] 这块：这里。

[355] 故此：因此。参见注⑯⑨［按］。

[356] 相量：商量。参见注㉙［按］。

[357] 仔细：客气。参见注⑭⑤［按］。

多謝，我閑了，另日再來。

請了。

20.

明日是十五日。我要進城去朝王[358]，沒有一個人跟隨，一個人自己走不雅。

21.

這個人是生楊梅瘡庅？

這個人原生棉花瘡[359]，如今变做瘋毒[360]了。

好怕人，一身希臭的。他當日纔生[361]的時節，為甚庅不請醫生調治，給他爛到這個様呢？

他原先纔生的時候，就請人來醫治。那醫生也不知換了好幾個，銀錢用去多少，總醫不得好。如今年代久了，越發不得好了。

這様說，這個人可憐得緊！

你講可憐他？你還沒有見他當原先[362]未生瘡的時候庅？

未曾生［14］瘡的時候怎庅様呢？

他未生瘡的時候，一身嫩皮細肉，渾身雪白，生得乾淨不過，生得標致不過。憑他什庅人看見他，那（哪）個人不愛

---

[358] 朝王：去庙里烧香拜菩萨。

[359] 棉花疮：同“杨梅疮”，都是梅毒的别称。

[360] 疯毒：中医术语，指晚期梅毒，患者浑身溃烂。

[361] 才生：（病情）初发。

[362] 当原先：当初。［按］“当初”福州方言说“当原初”。

他？雖是這樣說，現今爛得這個樣，其實[363]看不得了。見了他，好可憐得狠。

22.

這房子歪了，請木匠來修拾[364]，叫他用牮[365]來頂端正些纔好。不然，恐怕起大風的時節就會吹倒。吹倒的時節再來修拾，就費力了。

昨日有一張呈子遞在海防廳那裡，求領粮米的，不知道曾詳上布司沒有？求老兄大駕到柳炎生處，催他速速詳司要緊！如今館内人衆無米，日日仰望。千萬留心，專望回音。至感。

前日托你到謝相公那裡借銀子，曾替我講了不曾？目下沒有銀子使用，專望這一項，要緊得狠。等我們的船到了，就送还他。斷不負約的，叫他放心。

我對謝相公說了，他應承了。等你們的借約拿去，他就把銀子拿來。

多謝你，如今就寫一張借約，勞你帶去，[15] 明日等你回話。

我們國王差法司並紫金大夫同來問候二位大人，備有禮物伺候。求大爺轉稟一聲。

---

[363] 其实：实在。

[364] 修拾：修理。参见注[209]［按］。

[365] 牮：用斜木柱将倾斜的房屋扶正并支撑住。［按］“牮”是俗字。福州方言读同“牛”字，音［ŋu^2］。

你站着，等我進去稟。

……

大人說，禮物收下。有謝帖，對王爺說多謝。

曉得。

23.

你們這裡有好玩的所在沒有？帶我去玩玩好庅？

我們這裡，遠的所在是不敢同你去的。只近所在有和尚寺[366]，同你去隨喜隨喜罷。

遠地方為什庅去不得呢？

那遠地方是違禁的，一定不敢帶你們去的。

這樣說，就是近地方玩玩罷。

……

我問你還有別處好玩沒有？

別處也沒有什庅好玩，囬去罷。

24.

我這庫裡的東西憑票來支的。那票上寫多少，就供給多少，是有定規的，一毫也不敢少，一毫也不敢多。要多是沒有的，你衆位不消囉唆了，就是囉唆也沒中用的。

25.

學生這幾日心裡好愁悶得緊。自己也不知道是怎庅樣的。

這個事容易，我打些酒來，把你這個愁消吊（掉）就

[366] 和尚寺：佛教的寺庙。[按] 福州方言统称佛教寺院为“和尚寺”。

好了。

多謝。

這個酒薄得狠，要多喫些纔好。[16]

這個酒厚不過的。

請一杯吃乾了。

學生量淺，喫不去[367]了。

再請兩鐘（盅）無妨事。

學生不敢做假，委實酒力不勝。

真個不吃了，不敢勸了，盛飯來喫。

這個飯煮得好。太滿了，減去些。

酒不肯吃醉還不打緊，飯是要吃飽的。

曉得，學生自然吃飽。

這個菜湯淡得緊，拿塩來。

塩不好麽，把醬油和一點就好了。

也是也是。

……

飯吃完了，倒茶來吃！

這個茶好香！

這個茶平常好[368]庅。端洗臉水來洗臉！

---

[367] 吃不去：吃不下，不能再吃了。[按] 福州方言词“𫟅去”[ma^6 kho^5] 用在动词后做可能补语，表示容纳不了。例如：书读～就去做工（读书读不了就去做工）/米缸贮～（米缸盛不下）。书面文献中“𫟅”通常写为“不”。例如：《闽都别记》第一六八回：“外面三人只食一半，食不去。王山又叫家童各人尽捧去食。”

[368] 平常好：（质量）一般。

不用了。

洗洗好。

26.

老爺钧諭，着琉球們[369]收買官絲，琉球敢不遵命？那絲帶黄色[370]，是不堪用的，價錢又太高，琉球們故不敢買。瞞不得老爺說，我們敝國的法令是重的。若絲買得不好，價錢又買得貴，回國之日，我們的性命都是难保的。如今沒奈何，只得來求老爺體朝廷柔遠之德，把絲換好的，價錢公平些，琉球們纔敢買。

那絲狠好的，你們只管嫌不好，是你們不識貨了。論起價錢，那（哪）裡筭得貴呢？

不瞞老［17］爺，琉球們這個絲是年年買的，見得狠多了，好歹我們都認得的，價錢也是曉得的。那絲若不肯換，是斷然不敢買的。若價錢太貴，也是斷然不敢買的。

你們不買，我也沒奈你的何，憑你們罷。

求老爺不要這樣說。古人講得好：在家靠父母，出外靠主人。琉球們離家數萬里水洋到這裡，只靠着老爺做主的，萬事還要求老爺周旋纔好。

你們說的是得狠，你却不知道這個絲筭是頂好了。若要再找好的，却沒有的。那價錢若少了，他就折本了，怎庅使得呢？如今既是這樣說，你且回去，另日再來商量罷。

呵，老爺吩咐狠是。琉球們總望老爺施恩，救拔蟻命就是

[369] 琉球们：说话者是琉球人（复数），自称“琉球”表示恭敬。

[370] 带黄色：颜色发黄。

了，多謝！

27.

今日是吉日，請二位大人駕到王廟開讀[371]。王爺先到廟裡恭候了。求総管大爺替通事稟一聲兒。你們廟裡的東西，都預備停當了沒有？若未曾停當，大人到那裡，你們慌手慌脚的，不好看相[372]。務必各項物［18］件都料理明白了，我纔替你進去請。

廟裡祭品並各樣東西，一切都料理齊備了，纔敢來請大人的。

既是停當了，我替你進去請罷。

多謝大爺，煩勞大爺！

明日國王請二位大人赴宴，並跟隨衆位都去吃宴。特差通事送請帖來，求大爺代稟一聲，明日衆位去時節，都預備有馬匹在外伺候。

28.

我們這個東西賣給你，是折本賣你的。如今價錢雖不肯添，我也罷了，那銀子要好的給我纔是。這個銀子低[373]，用不

---

[371] 开读：宣读皇帝的诏旨。

[372] 不好看相：不好看，丢丑。［按］福州方言词“伓好看相”，指丢丑，难堪。例如：好好劝汝伓听，着做嘹～（好好劝你你不听，非得要弄得很难堪）。

[373] 银子低：银子的成色低，银钱兑换率低。

得，拿去換好的來。不然，價錢低了，銀水又低，太吃虧我了[374]，怎庅做得？

是了。我和你們主顧家[375]，時常來和你買，下遭補得你着[376]的。這個銀子將就用罷，請收起。

這樣其寔太难為我了。

好了，下囬來補就是了。

29.

那鄭老爺、周秀才差我來說，是擇了七月初一好日子，請先生出去設館，教他們讀書。不知道先生得閑庅？

我沒有什庅事。煩勞你回去對鄭老爺、周秀才說，我七月初一日早早就來。

［19］昨日京都有人囬來，說是在蘇州撞着我們上京的人，他替我們帶信囬來，說是他們一路平安。想今年的公事辦得快，到十二月裡就得回來。我們大家都歡喜了。

囬來了？恭喜恭喜！你們列位自從這裡起身往來，大家一路平安庅？

托庇！我們自六月初六日這裡開船，某月某日到京，一路平安。某日耳目官大夫、都通事見過朝廷，公事辦明白了，大家好歡喜。至九月初八日在會同館那裡起身，十月到了蘓州。

---

[374] 太吃亏我了：我太吃亏了。

[375] 和你们主顾家：（我）是你们的老客户。参见注[82]［按］。

[376] 补得你着：（将来）补偿得着你。

那藴州的光景是城裡熱鬧，還是城外熱鬧呢？

那地方城裡城外都是熱鬧的，是極好玩的。

30.

前日括（刮）大風，那驛楼房頂上的瓦盡行吹起，都打得粉碎了，還不曾吽人來修理。如今下雨，滿處[377]都是漏的，怎庅使得？

你們為甚庅不吽人來修拾[378]呢？

不曉得他們一天挨一天，總不修拾。

等我明日替你們吽兩個泥水匠來修拾罷，好不好？

好了[379]，你如今就去吽來。

31.

我們多遠過來這邊，原是要讀書，求些［20］學問、學些本領囬去的。如今到這裡來個個都懶惰，大家終日只是喫酒取樂，滿處玩耍，到（倒）把心弄粗了，那書一些也不愛讀。大夥都在這裡空過日子，自家想起來好不害羞。

既是這等說，你們大家就不要玩他。各人勤緊讀書就是了。

是得狠，我們大家要争氣，掙个臉面，用力勤讀，再不去玩了。

---

[377] 满处：到处。

[378] 修拾：修理。参见注[209]［按］。

[379] 好了：好的。

32.

我們昨夜掛帳子睡覺，差不多到三更的時候，有個人蜜蜜的[380]撬門進來。我倒在那裡還不曾睡着。我都不作聲，躲在帳裡頭看他。他把衣服偷了就要走，我就趕[381]出去打他。他慌了，把衣服丟下就跑了。

如今偷東西的人多的緊，你們夜裡門戶要小心，睡醒些，防着他就是了。

33.

說：我的兄弟，你委實生得標緻，果然風流，真個可愛，想殺了我！

答：你果然有心想我？你實在有心想我？你一嘴都是胡說，花言巧語假意兒！騙別個罷了，你來騙我？

說：我果然想你，不是假話。我若是騙你，我就賭一個大大的咒給你聽庅？

答：你［21］賭來！

說：你聽着，我賭得明明白白的。若是糊塗一點都不算的。

答：好，好，你就賭來。

---

[380] 蜜蜜的：偷偷地。“蜜蜜”可能是“秘密”之讹。

[381] 赶：追。［按］福州方言词“逐”［tyʔ⁸］：①驱逐。例如：～出去（赶出去）/～风蚊（赶蚊子）。②追逐，追赶。例如：～赡着（追不上）/跟后斗～（跟在后面追赶）。

說：我若沒有真心想你的，我那頭髮尾㊳登時就生一個斗來大的疔瘡，永世不得收口，流膿流血，爛到見骨。這個咒大不大？狠不狠？

答：果然大，果然狠。這個咒果然虧你賭。

說：不是你教我賭庅？我就照你嘴，賭給你聽就是了。

答：你這個光棍好油嘴！我不和你講，我要囬家去了。

說：給我留留庅，再坐一會兒罷，實在我真真捨你不得的。

答：你捨我不得，你這一條手巾送我做表記，肯不肯？

說：怎庅不肯呢，有更好的也肯。希[383]在這條手巾就不肯的道理？你要就拿去。

答：多謝多謝！

說：還有一句話講，方纔我有東西給了你做表記，你如今有什庅東西囬答我呢？

答：我是沒有什庅給你的。你若是不願意，你就把手巾拿囬去罷了。誰要你的！

說：我的好兄弟，不要使性兒！會使性的人快老[384]。我如今和你相量[385]，你既沒有東西囬答我，你把頭兒朝過來咲一咲，給我哽[386]［22］個嘴兒就罷了。

答：嗳呀，這個人好齷齪，把口水弄得人家滿嘴都是。

---

[382] 头发尾：头发的末梢。［按］福州方言词“头发尾”［$thau^2$ $huo?^7$ mui^3］：指头发的末梢。

[383] 希：稀罕，因为稀奇而喜爱。

[384] 快老：老得快。［按］福州方言说“易老”［kie^6 lau^6］：老得快。

[385] 相量：商量。参见注㉙［按］。

[386] 哽：亲吻。

得罪得罪！好朋友玩不要生氣，生氣就不好玩了。我們後生㊀的人出來都是愛玩的。

不曾見你這個人玩得太刻薄了。

是我不着㊁了，如今賠個罪兒，不要惱了。

34.

今日是三月三。我們邀幾個知己的朋友，打上兩三壺酒，俻辦幾個小菜碟，到那個好玩的所在踏青。學那古時王羲之在蘭亭曲水流觴的故事，大家快樂快樂，也不虛度了一年的時光。好庅？

好的，如今就來修拾㊂，趂早來去。若是晏了就沒趣。

不知道你們那邊，這三月三也有人去郊外踏青沒有？

有的。我們那裡，這一日也有到水邊去玩的，也有到青艸玻（坡）地方鋪毡吃酒的，也有帶着婊子去弹唱的。來來徃徃，好不鬧熱的。

35.

今日天氣熱得狠，在這房裡坐不住，我同你到天后宫㊃樓上去乘凉。

我在這裡看書，還不曾看完。你且先去那裡等我，我看完了即［23］刻就來。

㊀ 后生：年轻。［按］福州方言词“后生”［hau[6] saŋ[1]］：年轻。例如：伊五十几了，看过去固真～（她五十多岁了，看上去还很年轻）。

㊁ 不着：不对。参见注⑲⑨［按］。

㊂ 修拾：收拾。参见注⑳⑨［按］。

㊃ 天后宫：此处指柔远驿（琉球馆）内附设的妈祖庙。

你也太勤了。這樣的熱天，還看什庅書呢？放下罷！要看，下午時候凉快些纔[391]來看罷。

36.

門生初到中國，言語不通，求先生用心教我看脉的道理。寫給我看，是甚庅病，該用甚庅藥，要緊的寫了教我。

你們初到這裡，不會說中國的話，十分教你不得[392]。我且把那《醫宗必讀》點給你看，等後來慢慢的再把藥方寫些送你。

那藥書先生點完了不曾？

我這兩日有些小事，不得工夫，却不曾點完。寬兩三天，點完了給你看罷。

好。還有一樁事求先生。

還有什庅事呢？

那書裡有要緊的，替門生圈起來，帶囬去看。有不明白的，又要求先生替門生講講。

好了。你把書拿囬去細細的用心去看。有不明白處，你拿來問我，我自然講個明白給你聽。

呵，多謝先生。

---

[391] 才：再。［按］福州方言“才”读［$tsai^2$］，声母不送气，与“再”音近。

[392] 十分教你不得：实在没办法教你。

37.

門生昨日到先生府上來，先生公出了，門生就囬去了。今日特到先生府上來，求先生把《醫宗必讀》講給門生聽聽。恐怕先生的事多，不得閑空，今日［24］只講一兩篇，給門生帶囬去，看明白了，過一日再來領教。

這樣說狠着[393]，喫過茶了講給你聽。

門生狠不聰明。昨日先生講的書，我囬家去仔細體認研究，内中好幾句総研究不出，還要求先生指教明白纔好。

你那書裡有一字一句不明處，不要糊塗放過他。你若放過他，就誤事了。從今以後，你若輕輕[394]一點不明，就要再問，切不可不問。要緊要緊！

門生也頗知這個道理。只是問得多遭了，怕絮煩。門生不好意思。

這個無妨，你只管來問。你肯來問，我到（倒）是歡喜的。

煩勞先生了不得。既是這樣說，門生輕輕有可疑的，就來問了。

38.

門生這幾時身上有些賤恙，特來求先生看看脉，藥撮一

---

[393] 狠着：很对。参见注[199]［按］。

[394] 轻轻：略微（有）。参见注[339]［按］。

劑[395]帶囬去吃。

你這身上什庅意思，說給我知道，我好加減[396]。

我這身上覺得四肢無力，脚手疲軟，腰又痛，頭又暈。茶飯又不愛喫，肚裡又飽脹，心口裡只管要發惡羶，口水長瀼的。渾身好不難過的。

大便小便有庅？

大便小［25］便是有的。

小便紅不紅呢？

小便有些紅。

身上有發潮熱庅？

早起頭[397]都好，到下半晚[398]，就發潮熱。

這個病無妨事，你是冒着風失表的，如今寒深了。我撮一劑藥，帶囬去吃。今晚表得些汗出來就好了。

多謝先生，藥資明日送來罷。

好，不打緊。

請了。

39.

今日弟們薄意具一杯水酒，虛邀[399]列位這裡坐坐。

---

[395] 药撮一剂：抓一帖药。参见注㉟［按］。

[396] 加减：中医根据古来汤方，参酌病人情况，加进或减去几味药。

[397] 早起头：早晨。［按］福州方言词“早起头”［tsa^{3} khi^{3} thau^{2}］：早晨，上午。

[398] 下半晚：下半夜。［按］福州方言词“下半暝”［a^{6} puaŋ^{5} maŋ^{2}］：指午夜以后到天亮之前。

[399] 虚邀：邀请（款待）。“虚”为谦辞。

說那（哪）裡話來，我們屢屢多謝盛情，真真了不得的！

我們外國人來到這裡，早晚全仗列位爺們照看照看就穀了。

客：豈敢，我們星不能照月。若沒事就罷，若有什庅事，我們総要向前[400]的。

主：這樣就是照看我們了。

客：不敢。

這近日有些小孩子抛磚丟瓦，把這房子都打破了。

有這樣事庅？這些小孩子顽得狠。等我明日查看是誰家的兒子，告訴他娘老子，狠狠的打一頓給他，他纔知道。

不瞞列位說，那房瓦打破還是小事。恐怕把人的頭血打出來，纔是了不得。如今借重列位［26］替弟們對他們父兄說一聲，叫他下次不要这樣了。

曉得曉得。

40.

連日未見，久違得緊。今日是什庅風吹到這裡來呢？

今日有個小事，要到城裡去走走。往貴府過，進來看看老兄。

多謝，有心[401]得狠。不知道去城裡有什庅公幹呢？

去書店裡買幾部書庅。

是什庅書呢？

---

[400] 向前：挺身而出，前来帮忙。

[401] 有心：有情义。参见注④［按］。

要買一部《四書體註》，一部《詩經註》，一部《書經註》，一部《易經註》，一部《禮記白文》，一部《春秋胡傳》。還要買一部《古文覺斯》並一部《唐詩》。

買這許多的書，要帶好些銀子去了？

銀子也帶不多，只帶得二三兩就是了。

有二三兩差不多彀了。就是買了，一個人怎庅拿得囬來呢？

買了就僱個人挑囬家去。

這個使得。如今差不多中午了，就在這裡吃午飯纔[402]去買，如何？

怎庅好來打攪呢？

我們都是好朋友，不要說那套頭話兒。

我不拘客套。你有意留我，我就在這裡。你不要買菜了，只是便飯拿來吃就是了。

曉得。[27] 請坐下，拿茶來！裝煙來！

還有一樁事和你商量，好不好？

有什庅事呢？

一會吃了飯後，你若是得空的時候，陪我到書店裡去，幫我撿好的買。

我們買的書，總要藕版的，紙要白白的，字要清楚的就好了。

---

[402] 才：再。参见注[391]［按］。

正是。如今快快喫飯就來去[403]。

喫了飯，天就黑了。我們率信[404]明日去買罷。

也好。

41.

我這幾件衣裳穿得好久，齷齪了。今日要拿去洗一洗，天又陰，想必是要下雨了，這個衣裳大半是洗不成的。

今日就且慢些洗，等大晴天纔[405]來洗。

衣裳腌臢得狠，穿不得了。不是[406]，寬兩日洗何妨事？

你既然穿不得，就把那乾淨的拿來換，把這個腌臢的等有日頭了[407]來洗。

也說得是。

42.

尊姓？

賤姓林。

尊號？

賤名某。

---

[403] 来去：去。[按] 近代汉语资料中常见“去来”，“来”无实义。闽南方言的“来去”就是“去”，例如：～泉州（去泉州）/我～写（我去写）。今福州方言没有这样的说法。

[404] 率信：索性。[按] 福州方言“率”［sauʔ⁷］和“索”同音，“信”［seiŋ⁵］和“性”同音。

[405] 才：再。参见注[391]［按］。

[406] 不是：如果不是这样。

[407] 有日头：出太阳。[按] 福州方言“太阳”说“日头”。

到中國幾次了？

到這裡兩次了。

官話會說了庅？

弟的才拙，不過頗畧[408]曉得一兩句兒。

謙虛太過了。

是真話。

今年貴庚了？

二十歲了。

令尊令堂都在上庅？[28]

都在上。

貴昆仲共幾位呢？

弟兄三人。

尊駕排行第幾呢？

弟排行第二的。

上面一位哥，下面一位兄弟庅？

正是。

好命得很啞[409]！

不敢。

令尊大人所居何職呢？

家父做都通事。

如今請是那（哪）一位先生在館裡讀書呢？

是請城裡某號王老師。

---

[408] 颇略：略微。

[409] 好命得很哑：真有福气啊。哑：语气词，即“啊”。［按］福州方言词“好命”指有福气，尤指家中父母双全，儿孙满堂。

現今讀的是什庅書呢？

讀《詩經》。

讀書的方法沒有別的，頭一樁要把書講究明白，道理通徹；第二樁要句讀明白，字音清楚；第三樁要熟讀的工夫。這三樁是讀書極要緊的，你們如今讀書也要這樣用工（功）纔好。

多蒙指教。

豈敢。還有一樁事動問。

有什庅事？

近來耳聞得你們那边要過來請封，却⑩有這個事沒有呢？

這個事還未定，現今國王孝服尚未滿，想必未便舉行。大約到服滿了，纔敢過來請封庅？

你說得是，想來道理該是這樣的。

弟也不知道是不是，心裡是這樣想就是了。

狠着⑪狠着，一定是這樣舉行，一點也不錯的。

43.

[29] 冷⑫要到了，這些夏衣要收拾起了，要偹辦冬衣了。

正是這樣說⑬。

我昨日打發管家們到綢緞店裡買了幾疋綢子回來。如今叫

⑩ 却：写本旁注小字“果”，据此，此处“却”应作“确”。

⑪ 着：对，正确。参见注⑲［按］。

⑫ 冷：指冬季。［按］福州方言“冷”说“清”[tsheiŋ5]。冬天说“清天”或“天清”。

⑬ 正是这样说：是这样的。［按］福州方言表示同意的应答惯用语是“正是总款讲”。“总款”即“这样”。

兩三個裁縫來，裁剪起來就有了。

你要做什庅樣的寒衣呢？

不過做些棉襖、夹襖、長衫、短衫、单褲、夹褲這些件數就是了。

皮袍、皮褂、皮襖都不做幾件庅？

那些東西都有了，今年不消做了。

那個狠彀穿了，再不會冷了。如今的天氣一天冷一天[414]，要叫裁縫師傅趕着做快些，冷來好穿。

正是，這幾晚睡到半夜的時候覺得好涼，那夹被盖不得了。

如今秋涼了，要裝棉被[415]盖了。那夹被那（哪）裡用得，不要把人凍壞了，纔是了不得。

說得是，如今就把棉花胎拿來裝起來，今晚好睡。

44.

裝一床被窩裝到二更天纔完。這會夜深了，把床鋪打掃乾淨，請安歇罷。把燈吹滅了睡。如今秋天的時候，那東西都是乾燥的，火燭要小心。上床的時節就把火吹滅睡，也是放心的。

講得極是。那前日南台尚書［30］廟[416]那裡一連燒了兩三

---

[414] 一天冷一天：一天比一天冷。［按］福州方言的比较句除了与通语相同的“比”字句，还可以是：比较主体＋形容词＋（去）＋比较基准。例如：我岁数大汝（我年纪比你大）/依弟悬依姐（弟弟比姐姐高）。

[415] 装棉被：将棉胎装入被套。［按］旧时，棉被要用针线将被单、被面与棉胎缝在一起。福州方言叫作“鎝被”［taʔ^{7} phui^{6}］，比较费时费力。

[416] 尚书庙：福州台江的陈文龙庙。［按］南台尚书庙一带，也就是今福州台江区上下杭一带，曾是著名的商业区，房屋、店铺鳞次栉比，极易发生火灾。

遭，多因是他們火燭不小心，纔會误事了。

講起那火燒房[417]，那些人好可憐！家裡的東西給人搶去的搶去，給火燒去的燒吊（掉），到第二天來，一條草都沒有[418]了。喫也沒得吃，穿也沒得穿，住也沒得住。那大男小女[419]攏做一堆，在那露天地裡啼啼哭哭，我看起來真真[420]替他心疼，眼淚就要淌出來，寔在傷心。

那火燒房是最淒慘的，何消說，所以火燭小心要緊！

45.

寶店中有好茶借看看。

相公要買那（哪）一樣的？

你拿幾樣出來看看。

這一樣是芽茶，這一樣是花香，這一樣是武彞，這一樣是松蘿，這一樣是武彞大種，憑[421]相公要那（哪）一樣的。

這個茶有攙假古茶[422]在裡面的，有好的拿來。

---

[417] 火烧房：失火，火灾。［按］房屋失火福州方言说“火烧厝”，山林火灾叫“火烧山”。

[418] 一条草都没有：（家中）一根草都没剩下。［按］条状物计量，福州方言量词用“条”不用“根”。例如：两～烛（两根蜡烛）/蜀～铜线（一根铜线）。

[419] 大男小女：男女老幼。［按］福州方言词“大男小女”指一家男女老幼。

[420] 真真：真的。参见注③［按］。

[421] 凭：任由。

[422] 古茶：陈茶，与当季的“新茶”相对而言。［按］“古茶”应为“旧茶”之讹，福州话“旧”的白读音与“古”音近。

相公看真纔嫌[423]，不要委曲（屈）了這個茶。

不相瞞，茶也頗畧[424]曉得。

既然曉得，這個茶就不必嫌了。小弟說好，相公是不信的，我去舀些水來泡一礶給相公嘗嘗，好歹就知道了。若果然好就照［31］顧小弟，是不是？

茶倒也罷了，要多少價呢？

我們主顧家[425]不講價，寔寔落落[426]。這個茶一觔要賣相公三錢銀子，是老實價，一分也少不得的。

太貴了！

不貴啞！

這樣的茶也只是平常的，怎庅賣得許多[427]銀子！

相公還多少就是了。彀小弟本[428]就賣。

二錢銀子罷？

做不來，那（哪）裡差得許多[429]？要添些纔做得[430]。

加你三分使得庅？

再加些。

彀價了，不用囉唆。

---

[423] 看真才嫌：看清楚了再批评。才：再。参见注[391]［按］。

[424] 颇略：稍微。

[425] 主顾家：老主顾。参见注[82]［按］。

[426] 实实落落：老老实实。

[427] 许多：那么多。参见注[100]［按］。

[428] 本：（进货的）本钱。

[429] 许多：那么多。参见注[100]［按］。

[430] 才做得：才能成交。

好了[431]，相公果然[432]有意抬舉小弟，算二錢半賣相公罷，再少就不敢奉命了。

二錢半太貴些。罷了，給你二錢半，你秤却要称彀的。

秤是小弟門頭[433]，下遭還要做買賣，若称少了，不是打斷主顧[434]了？

46.

明日是初一日，㕷管家把天后宮打掃潔淨，香燭預傋停當。明日絶早，老爺要到那裡行香。

曉得。

47.

大老爺傳秀才講話。

剛纔大老爺傳秀才，有甚庅事吩咐庅？

大老爺吩咐，㕷你尋個木匠來。

㕷木匠來要做什庅東西呢？

大老爺要照樣[435]做兩張滿［32］州（洲）棹子[436]，你快些㕷他來。

我就去㕷他來。

快些！

---

[431] 好了：好吧。

[432] 果然：如果。

[433] 门头：商铺招牌，此处指口碑信誉。

[434] 打断主顾：失去长期的客户。参见注[82]［按］。

[435] 照样：照着现成的样子。

[436] 满州（洲）桌子：矮桌。大约就是北方的炕桌。

曉得。

48.

今日進城去買幾件東西。撻着雨，又沒有個雨傘，又沒個木套[437]，一路淋了囬家。衣裳也淋濕了，鞋襪也濕透了，不值得狠。

今日的天氣燥熱得緊，到半上午[438]的時候一定會下雨的。你要出門去，那木套、傘是要帶去的。你太大意了，不肯帶去，自然要淋的，有什庅抱怨。

果然果然，該淋的。

49.

如今是元宵景[439]，城裡城外，到晚間街上好些故事[440]，各廟裡好些燈[441]。這樣鬧熱[442]的時景，我們也到街上並各廟裡去看看玩玩庅，好不好？

好，今晚大家來去[443]。

如今就走。

---

[437] 木套：木底鞋，雨天套着鞋子穿。[按] 福州方言把“雨鞋”叫作“鞋套”。

[438] 半上午：上午约一半的时候，即大约九点多的时候。

[439] 元宵景：元宵节的节日景象。

[440] 故事：穿古装戏服的各种街头表演。

[441] 灯：指花灯。

[442] 闹热：热闹。参见注[246] [按]。

[443] 来去：去。参见注[403] [按]。

纔出門不多遠就𨍭着一駕抬擱[444]。那火把點得亮炵炵的，把那鑼鼓不住的打，號頭[445]喇叭叭[446]不住的吹。那抬擱的故事就車[447]起來，官模[448]又好，人又生得好[449]，真真愛死人，好看不過的。再一會兒又一班故事來了。我走攏去看，是扮一班跌竹馬[450]的小孩子，［33］又會弹又會唱，寔在好。纔看得高興，不知道是那（哪）裡來的一駕神[451]，在那一頭闖過來。人又多，擠得狠。

我們徃廟裡看燈去罷。那廟裡的燈好多不過。

等我慢慢的數數看：蓮花燈、綉毬燈、兔兒燈、走馬燈、鰲山燈，百樣的燈都有，我數也數不盡。

大家回去睡覺罷了。

50.

今日是五月初五日，人叫做端午節，又叫做端陽節，又叫

---

[444] 抬擱：也作“抬阁”，迎神赛会中的一种民俗技艺表演。一般由小孩子穿着戏装，坐在木架上，由人抬着游行街头。

[445] 号头：十番音乐的吹奏乐器之一。

[446] 喇叭叭：喇叭。两种写本均写“喇叭々”。

[447] 车：旋转。参见注[51]［按］。

[448] 官模：化妆造型。

[449] 生得好：长得漂亮。［按］福州方言词“生的好”已经词汇化，指漂亮。例如：者诸人囝野～（这女孩子很漂亮）。

[450] 跌竹马：迎神赛会中的一种民俗技艺表演。表演者手执马鞭，身骑竹马。竹马用竹架制成马头、马尾，糊以彩纸或布后施以彩绘，演出时竹马前俯后仰。

[451] 一驾神：一抬神轿。

做天中節，又吅做蒲節，又吅做艾節。這一節最熱閙的。個個家裡都買稉米裹粽子，打燒酒來泡雄磺吃。各人家門口挿些菖蒲艾[452]，那小孩子到半上午[453]都到江边去看人家鬪龍船[454]，好玩不過的。

我們也到江邊去瞧瞧庅？

我們要去玩，大家僱一隻小船，辦些乾盤[455]，打些好酒，買幾尺紅綢，做些標。把船撐在江中間，那標挿起來。我們把酒排[456]起來，大家發拳[457]吃酒，看龍船來搶標，樂一天囬來罷。

51.

今晚是七月初七，吅做七夕莭。那牛郎織女要相會，喜鵲駕橋給牛郎過，不知有這個事沒有？人家多［34］這樣說，有這事沒這事，我都不曾看見。我只看見那人家的女人，到這晚間，排些菓子酒餚在天井[458]中間，對着織女星穿針乞巧，這是必真的。

52.

今晚是八月十五晚，中秋節，家家喫酒賞月。我們雖在客

---

[452] 菖蒲艾：菖蒲和艾草（扎在一起，插在门框上驱邪）。

[453] 半上午：上午约一半的时候，即大约九点多的时候。

[454] 斗龙船：赛龙舟。参见注[205]［按］。

[455] 干盘：冷荤干果等下酒菜。

[456] 排：摆放。［按］福州方言词“排”［pe²］：摆放，放置。例如：桌～门前口（桌子摆放在门前）/桌面～一架钟（桌面上放着一个钟）。

[457] 发拳：划拳。［按］福州方言没有轻唇音，“发”读［huaʔ⁷］。

[458] 天井：宅院内的露天空间。

边，亦不可虚度良宵美景。今晚我們大家也倫辦幾味好餚，上樓去吃酒看月，起令做詩，大家說說咲咲，玩到快活[459]罷。

53.

今日九月九是重陽節，人人都携酒登高揷茱萸，學那孟嘉落帽的故事。我們客邊寂寂，在這裡，好不冷淡了人庅？

這個何难，我們也收拾些酒餚。不必上山去，只就在天后宫楼上觀賞重陽，也是登高一樣的，何必一定要到那山上去呢？

你講的更妙！我們將酒排在樓上吃，看那山上登高的人徃徃來來，更覺有趣。

54.

你看那日子好容易過，纔纔[460]過端陽節，轉眼又是十二月了。

你不聽見[461]人家說“光陰似箭，日月如梭”庅？［35］一日過一日[462]，一月過一月，不多久就是一年了。

我今日在城裡去看，那街坊上做買的、做賣的人，比徃時分外多。一街的人，擠得緊緊的，走都走不過。

---

[459] 玩到快活：玩到尽兴，玩个痛快。参见注⑩［按］。

[460] 才才：刚刚。［按］福州方言时间副词“才才”［tshai[1] tshai[1]］，表示片刻之前，带有强调语气。例如：～故看见着桌面（刚刚还看见在桌上）/我～碰着伊（我片刻之前遇到他）。

[461] 不听见：没有听见。

[462] 一日过一日：日子一天天很快地过去。［按］福州方言熟语“一日过一日”，字面意思是“过了一天又一天”，表示生活平淡，也可以表示时间在不知不觉中流逝。

那何消說呢，如今年迫[463]了，家家都要買過年的東西，那街坊自然鬧熱。這幾時要到街上買東西最要小心的。

做什庅[464]？

你不知道這塊[465]的風俗，我告訴你，你纔曉得這裡的人好利（厲）害不過的。

什庅人那樣利（厲）害，你說給我聽聽庅？

這裡有號[466]的賊呌做駁馬[467]。他夥攏五六個做一幫[468]，總在街頭街尾鬧熱的所在，看人身上藏有銀子的，手裡拿有物件的，他就來算計你的。你若不知道防，他輕輕雜雜眼[469]，東西就拿跑去。人又多，那（哪）裡去趕得他着[470]，只得白白送他。你講利（厲）害不利（厲）害呢？

這樣說委寔利（厲）害！我想東西在外面，他搶得去的；那銀錢藏在荷包裡面，難道他也搶得去的庅？

你還不曉得他的手段哩！他弄一把小刀，低低大[471]的，藏

---

[463] 年迫：到年底。

[464] 做什么：为什么。参见注[42]［按］。

[465] 这块：这个地方。

[466] 有号：有一号，有一种。

[467] 驳马：扒手。［按］福州方言词“拨马”［puaʔ[7] ma[3]］，指扒手。

[468] 伙拢五六个做一帮：五六个人结成一伙。

[469] 杂杂眼：眨眨眼。

[470] 赶得他着：追得上他。参见注[381]［按］。

[471] 低低大：一点儿大，很小。［按］福州方言词“低低大”［ti[1] ti[1] tuai[6]］，形容很小，一点儿。例如：者乇～，遏地下就毛块讨（这东西这么小，掉到地下就找不着了）。“低”是借音字。

在指甲裡[472]。他看定你身上有銀子，只徃［36］你身邊一襯[473]，把那銀子連荷包一起都割了去，你還不知道哩！

這樣說広[474]，好快的手脚！

我還講個笑話給你聽聽。我那一天去看戲，戲臺底下有個大卵包[475]的人站在那裡看戲。那戲正做得熱鬧，大家的眼睛都望着戲臺上。那（哪）裡曉得一個剪綹的把他底下當是銀包，徃他褲襠一割；那個人痛了，兩手把那個卵包抱得緊緊的，呱呱叫。好些人攏去問他：你為什広血瀼滿褲，呱呱叫的做什広？那大卵包的答應說道：剪綹那個忘八肏的，他把我這卵包大大的當是銀包，竟割了一刀跑了。大家聽見這個話，個個拍起掌來咲，真真把人咲殺了。

果然好咲，果然好咲！為甚広駁馬又叫做剪綹呢？

駁馬、剪綹，名有各樣[476]，賊総是一般的。

這樣說，駁馬也叫得，剪綹也叫得広？

着[477]，着！

好，今日又學個乖了。下遭要出街去，沒有銀兩就罷了；若身上帶有銀兩，要緊防這個駁馬，這個剪綹的了。

---

[472] 藏在指甲里：旧时人的小指常留很长的指甲。

[473] 衬：同“蹭”。［按］福州官话不分卷平舌声母，也不分前后鼻音韵母。

[474] 这样说么：这么说来。

[475] 大卵包：（因血吸虫病等）阴囊肿大。［按］福州方言词“大脟脬”［tuai^6 leiŋ^6 pha^1］：因患血丝虫病或疝气，致男人阴囊肿胀。

[476] 各样：不同。［按］福州方言词“各样”［kauʔ^7 yoŋ^6］：不同，特别。通常带贬义。例如：者伲囝哥～其，伓讲伓听（这小孩很反常，沉默寡言）。

[477] 着：对。参见注[199]［按］。

55.

[37] 今晚家家則管[478]放炮仗，做什庅事呢？

今晚是臘月二十四晚。這裡的風俗，家家送神祭灶化元宝[479]的時節，都要放三個炮仗的。

這樣庅？怎庅樣叫做送神呢？

那神明要上天去玉皇那裡。

那神明去玉皇那裡做什庅呢？

一年到年終，衆神都要到天上朝見玉皇的。好像我們凢間的官兒，或一年或兩三年，務必要去朝見朝廷的一般。

有道理，有道理！又祭灶是什庅道理呢？

那灶君也要去朝見玉帝的。

灶君也要去庅？

那灶君還更要緊的，他怎庅不去呢？

怎庅说那灶君还更要紧呢？

那灶君是一家之主，那人家家裡做有好事，做有歹事，都瞞不得他的。他到天上去把那人家的好事歹事，直奏玉帝知道了。那好的人，玉帝就賜他福祥；那不好的人，玉帝就降災禍給他，却不是更要緊的？

呵，原來有這些的緣故！我竟不曉得。

56.

那臘月三十晚叫做除夜。這一晚那人家家裡的事 [38] 情

---

[478] 则管：只管，不停地。

[479] 化元宝：焚化折成元宝状的纸钱。

好多不過的。不論那男的女的，個個忙刁刁[480]的，頭挜來尾挜去，不住的跑。

他做什庅這樣忙呢？

他要過年，倫辦這些東西。那有錢的還快當些，那沒錢的，東西弄不得到手，其寔好苦也。

他倫辦些什庅？

他倫辦些柴米油塩、醬醋茶酒、肉魚蔬菜、香燈元寶、蠟燭。

要買這些東西庅？給我講，就不買[481]，他這個年過得過不得呢？

定然使不得的。他買了這許多東西，三十晚要在祖宗跟前燒年紙，又要仝（同）娘老[482]、弟兄，老婆、兒子一家大大小小分歲，大夥喫個團年酒。若家裡空空的，怎使得哩？

57.

正月初一日早早起來。洗了臉，穿了新鮮袍帽。上了香燈，點了臘燭，開了門。拜天地，拜祖宗，拜菩薩，拜父母，拜大哥二哥三哥四哥，拜大嫂二嫂三嫂四嫂。拜完了，大家坐下喫個新春順意發財酒，歡歡喜喜的。你一杯我一盞，各人都有些春色了，酒不吃了，盛新年飯來吃。飯吃飽了，如今要出去各家拜年了。我們［39］商量，是那（哪）幾家要先去的，那（哪）幾家明日纔去的，那（哪）幾家後日去也無妨的。母

[480] 忙刁刁：忙乱。

[481] 就不买：（如果）就是不买。

[482] 娘老：父母。

舅母妗[483]、丈人丈母、姑夫姑娘、表叔表嬸、表伯表伯姆、姨夫姨娘，這些人家要先去的；表兄表弟、姐夫姐姐、妹夫妹妹、表姐夫表姐，還有那些好朋友，這幾家明日後日再來去[484]罷。

58.

昨晚多謝盛席，吃到十分醉了，席間恐有不是處，切不必記懷！

酒後說的話原是聽不得的。你我知己的朋友不妨，不消罣意；但下次别的朋友面前要收斂些，恐得罪人，不好意思。

弟的癖性不好，不吃酒的時候屁也不放一個；那兩鐘酒下肚的時節，胡說乱道。着[485]也講，不着也講，越講越高興，越講話越多。所以這些朋友看這個樣，他也不來惹我，都走開去，背後去說我酒後無德，吃了酒撒酒風（瘋），不像人。還有的朋友背地罵我：混賬的人，吃着酒就撒野，招災惹禍。[40] 又有些人旁边咲我的：你看那醉漢實在看不過，走着路歪三紐四，踉裡踉蹌的，講着话有七沒八[486]，含含糊糊的，真真這一號人了不得[487]。他們說我、罵我、咲我，我都知道的。

---

[483] 母舅母妗：舅父舅母。

[484] 来去：去。参见注[403]［按］。

[485] 着：对的。参见注[199]［按］。

[486] 有七没八：支离破碎，不像个东西。［按］福州方言词“有七无八”[ou⁶ tsheiʔ⁷ mo² paiʔ⁷]：不七不八的，不像样的。例如：伊𣍐仈写，写嚟～（他不会写，写得很不像样）/《闽都别记》第三九九回：“所办酒食，～，哪里会饱。”

[487] 了不得：不得了。

我想，真個沒來由[488]惹他們這一起[489]來咲，还做什庅[490]？我從今改了，喫醉了，我総不開口不則聲[491]，半句話都不講。君君子子，老老實實的，看這些人還說我什庅，罵我什庅，咲我什庅！

你如今酒後不多話，不亂性，好好的，他們也沒得說，也沒得罵，也沒得笑了。多因是你不好了，纔給他輕慢，把你不當個人看待。從今改過就是了。

59.

你這個人一嘴胡說，又會騙人，又會謊人，下二次[492]再不聽你講了。

我們說的話，一字也不虛，半句也不假，從來不欺人、不瞞人的。你不聽我的話，也由在[493]你，我也凴在[494]你了。

我看你說倒好聽，一肚的奸詐，做的事鬼頭鬼腦的，瞞瞞藏藏的。這樣不老誠[495]，下二遭[496]做事不要你做了，你替[497]我

[488] 真个没来由：真是不值得。

[489] 一起：一伙，一群。参见注㊹［按］。

[490] 还做什么：做人还有什么意义。

[491] 不则声：不吱声，不说话。

[492] 下二次：往后。［按］福州方言词“下二回”：以后，往后。例如：人情留一线，～好见面（留一点情面，以后好见面）/～无敢了（以后不敢了）。

[493] 由在：任由。［按］福州方言词“在”：任凭，任由。例如：～汝做甚乇，共我毛干过（你要干什么就干什么，跟我没关系）/～伊讲，我当无听见（由他怎么说，我当作没听见）。

[494] 凭在：任由。参见注[493]［按］。

[495] 老诚：老实，诚实。

[496] 下二遭：下回，以后。参见注[492]［按］。

[497] 替：给。

快走開去罷！

你這樣說，[41] 好冤枉了人，把人生生屈殺了。我們從來最忠直的、最誠寔的，做事情盡心盡力，不敢一些兒瞞昧。你如今有事不叫我做，我也沒奈何了。

你还敢争嘴⑱！你做事件件都给人看破了，如今不敢用你了。

60.

這房子高廠（敞）明亮，人住在這裡也覺得瀟洒快活些。那房子矮小黑暗的，人住在裡面好不受用，難過的緊。

這個話何消說。

61.

今日霧氣大得狠。

這個霧下得好厚哩！你看那山都幔⑲住了，一些也看不見的。

人說障氣，這就是山嵐障氣。人若衝着他就要得病的。

這樣說，我們早晨不要出去，等霧開了出去罷。

62.

這幾時連日陰雨，那衣服都上霉了。一會有日頭出來，要

---

⑱ 争嘴：抗辩。

⑲ 幔：蒙罩。[按] 福州方言词“鞔”[maŋ1]：蒙（上）、罩（住）。例如：桌面～一重埇尘（桌面上蒙着一层灰尘）。鞔：《广韵》母官切。《说文》：“覆也。”

拿出去晒晒。

衣服上霉，那棹上也上霉。你看那滿桌白白的，好腌臢哩！

腌臢你就拿一塊桌布[500]來擦擦，拿雞毛担（撣）來各處担（撣）担（撣）。

桌子不穩，撿一塊瓦渣[501]來把桌脚墊平。

這茶鐘、酒盞、快（筷）子、飯碗、菜碗［42］、酒壺、茶礶、盤兒、湯匙、調羹，隔夜了恐怕腌臢，拿去洗一洗。

地下都是糞艸[502]，齷齪得狠，拿掃把來掃乾淨。

那花瓶裡的水好久沒有換了，拿出去把那臭水倒吊（掉），換些清水；把花摘幾枝，揷在裡面拿進來。

把爐拿去，鉗塊火來煽着了，舀些水來泡茶。

把炭基拿一塊放爐裡燒紅了，鉗放在香爐裡燒香。

水開了，拿茶葉來沖茶。茶沖好了，留些開水徃那茶礶上淋一淋，拿洗臉布[503]把茶礶擦擦。

一清早起來有這些事情做。如今做明白了，大家來吃茶歇歇氣兒罷。

63.

我想大海中間風浪洶湧，雪浪滔天，一望無涯；扁舟一

---

[500] 桌布：抹布。[按]“抹布”福州方言叫“桌布”。

[501] 瓦渣：碎瓦片。

[502] 粪草：垃圾。[按]“垃圾”福州方言叫“粪扫”［pouŋ^{5} so^{5}］；今福州洋屿官话说“粪草”。

[503] 洗脸布：洗脸的毛巾。［按］“毛巾”福州方言叫“洗面布”，或“面布”。

粟，隨波逐浪，好不怕人，可見過海[504]的艰難！這也罷了，如今抛着父母妻兒，單身在此，早晚間甚覺淒凉。

那過海的艰難是不消說的，出外的愁苦也是不消說的。古人說，“在家千日好，出路半朝艰。”做客[505]的離鄉背井的，受多少淒凉，歷多少險阻，怎比得在家的人，[43] 父母妻兒聚首，多少[506]快活！

時光迅速，瞬息間就是一年。古人惜寸陰，我們决不可虛度日子。大丈夫須要立志上進，吃些辛苦，後來做出一番事業來纔好。切不要學一輩沒志氣的人，只圖眼前自在快活，日挨一日，月過一月[507]，到老來一無所聞，成了一個沒幹[508]的人，豈不可惜了父母生我們一場庅？

64.

纔剃頭沒幾天，頭髮又長了，癢得緊。快去叫一個剃頭的來剃一剃。渾身好痛，率性叫他搥搥。耳朵好癢，也叫他看看。

你說道小聲講話沒人聽見？須防隔牆有耳。俗話說，“路上講話，草裡有人。”九說話不可大意，須要留心，要緊！

---

[504] 过海：漂洋过海。

[505] 做客：离家外出。

[506] 多少：多（么）。参见注[81]［按］。

[507] 日挨一日，月过一月：一天天过去了，一月月过去了。挨：拖延。参见注[23]、[135]［按］。

[508] 没干：没用。

人說“在家不會迎賓客，出外方知少主人。”

這話怎庅說？

這話是說，那慳吝的人不肯留待朋友親戚的。譬方有人客[509]來我家，我們欢欢喜喜接待他，不失［44］他禮；到明日有事去他家，他自然歡喜欵待我，再沒有不留的道理。正是“我敬人三分，人敬我一尺”，就是這個道理。做人須知道，你若輕慢人，人便輕慢你。古人說敬人乃敬身之本，是得狠。

65.

凢做人都有過失處，就是那聖人也有過失。要知道自己不是處，下次痛改，就是好人；若明明知道自己不是了，尚且強辯餙非，總要爭自己的是，這樣人就是沒幹的[510]。

做人要將心比心，你若不願的事，别人也是不願的；你若要好的事，别人也是要好的事。想來人的心肝総是一般，我們把這樣心待人，那人自然不怨恨我們的。你若只願自己好，不管别人死活，損人肥己，做事樣樣都要便宜，這樣的人縱使人沒奈他何，那天地也不饒他的。

為人的兒子，務必孝順。那父母在日，買得一分半分的東西來孝敬父母，吃一點也是好的。若父母死後，［45］你滿席珍饈，擺在父母神主跟前供養，何曾見父母來嘗一嘗？人說死祭不如生養，就是這個意思。

---

[509] 人客：客人。［按］“客人”福州方言叫“依客”［nøyŋ² khaʔ⁷］。

[510] 没干的：没用的。

鶺鴒有急难之意，比兄弟；鴻雁飛則成行，亦比兄弟。夗央交頸而宿，比夫婦。烏鴉有反哺之義，比孝順的人。伯勞惡聲，比多言之婦，亦不孝之鳥。

那房上的瓦，覆着的是陰瓦，仰着的是陽瓦。也不在瓦是這樣說，凢物覆的即叫做陰，仰的叫做陽。

這一堵牆被風吹倒了，叫個泥水師傅舂[511]起來。要吩咐泥水匠舂堅固。

66.

人說“鐘不撞不鳴，鼓不打不響，話不講不明。”你把前後的事告訴他，給他知道纔好。你総不講明，藏在肚裡瞞着他，那（哪）裡瞞得過？你不想那雞蛋蜜（密）蜜（密）的菢出雞仔來[512]，你做的事人怕不曉得？

凢事要聽人勸解，不要執扨（拗），定要争到贏。古人說得好：“良藥苦口利于病，忠言逆耳利于行”，有好話是要聽的。

［46］“有麝自然香，何必當風立。”這兩句話是什厶意

---

[511] 舂：筑（土墙）。

[512] 鸡蛋蜜（密）蜜（密）的菢出鸡仔来：蛋壳无缝，但小鸡终究要破壳而出。［按］此句是转写福州方言俗语“鸡卵密密会出团”，意近于“纸包不住火”。

思呢？

這兩句話是說人有才能，自然有人知道他，不必在人前誇口。

“目不識丁”這句話怎庅說？

這一句話是說人不曾讀書，一個“丁”字也認不得的。

那方的叫做窓，圓的叫做牖，兩槅的叫做門，单槅的叫做戶。中間的房子叫做正房，傍边的房子叫做廂房，堦叫做坡臺。大路是街，小路是徑。上頭是天花板、仰板，下面是地板。神明坐的所在叫做神龕，神前掛的幔帳叫做神帳。

67.

這衣袖線縫裂了，拿去縫縫。

這一件褂子生虱子了，拿去拿拿[513]。

這帽子上霉了，拿去刷刷。

這一件衣裳臢了，拿去洗洗。

這個東西給雨淋濕了，拿去晒晒。

這個襖子肩頭破了，拿去補補。

這個罈子漏了，拿些桐油灰擦擦。

這個門槅上錯了，換過來。

這個桶散了，叫箍桶的來箍起來。

---

[513] 拿：捉（虱子）。

68.

[47] 今日過河去問候一個朋友，承他畱我吃午飯，如今纔囬來，有些醉了。

如今小陽春過了，冬至就到了，一日冷一日了。今日趁天氣暖和，我們到東門外湯池[514]裡洗澡。囬來時節往教場裡看大老爺考武舉：跑馬、射箭、掇[515]石頭、拉硬弓、舞関刀。

這個小孩子，我又不惹你，你來罵我做什庅？沒家教的襍種！原說中國有道理的，看你這樣的行徑，看你這樣的說話，我來學也沒幹[516]了。

素蒙大德，無恩可報！

豈敢，我們相與間，何必講些套話。

弟到（倒）不是套話。年年受恩，從無報答，自覺心中過不去的。

---

[514] 汤池：温泉澡堂。

[515] 掇：端（起石锁）。[按] 福州方言词“掇”[tauʔ⁷]：双手端（起）。例如：～椅（端椅子）。

[516] 没干：没用。

白姓官话

林先生較正序[517]

予憶幼年讀書，矢志潛修，立心考究。雞窓之下一十餘載，不知幾經揣摩矣。詎意際會無期，屢試不就，乃棄文就武投筆而懷班業焉。恭逢康熙五十間聖武仁皇帝萬壽之期，頒下恩詔，内開營兵，凡有通曉文藝，愿應武鄉試者，與武生一體鄉試。煌煌天語，欽此欽遵，天下軍士，跪讀此詔，不勝雀［1］躍。隨即專心弓馬，練習技勇。意謂此時可得異路之功若耳。孰料歷考三科，竟乃不就。此亦時命之衰。先賢有云：命裡不應朱紫貴，終須林下作

[517] 天野大学附属图书馆藏写本《白姓官话》缺此序，据京都大学文学研究科藏写本《白姓》补充。

閑人。誠哉是言，良不虛也。懷才莫試，顧功名於我已矣。揣摩無益，祇自劳耳。由是，不忍獨善其身，設教四方，從吾遊者盖甚多焉。數十年來，或登正路功名者有之，異路功名者亦有之。予今年登七十有四，間嘗考究天下言語，各有不同，俱係土音，難以通行。唯有正音官話，可以通行天下。學習者唇喉齒舌，須當辨別清明，方得正音官話。但尋常問答只宜直截，不尚文詞贅語。孔子曰："辭達而已矣"，可見應酬之際，不事繁文縟節也明矣。正在無聊之間，適有琉球國青年俊士，姓鄭諱鳳翼者，從吾門下。性敏心灵，天資穎異，虛心受教，極盡弟子之道，令人不勝愛慕之深。懷有一集問答官話，請予較正。予閱之，[2] 始知是山東登州府萊陽縣白瑞臨商人於乾隆十五年間遭風飄到琉球國，彙篡官話一集。細閱其詞，果係細論條目工夫，又奚須更正為我。但思行文用此虛字虛句，可以為起承轉合之過接。今止平常說話，可以不必用此文辭也。遂援筆略改一二，便見直截。妄為一序，還祈高朋勿以老叟之言為謬也，幸矣。

乾隆十八年癸酉十一月穀旦林啟陞守超氏較正山東登州府萊陽縣商人白世芸瑞臨氏彙篡

福建福州府閩縣老儒林啟陞守超氏較正

1.

[3] 老兄貴處是那（哪）裡人？

弟是山東人。

山東那（哪）一府，那（哪）一縣？

是登州府莱陽縣。

老兄尊姓？

弟賤姓白。

尊諱？

賤名世蕓。

尊號？

賤字瑞臨。

寶舟是何處的船？

是江南蘓州府常熟縣的。

兄是山東的人，怎庅在他船上？

因他的船在弟敝處做買賣，弟僱他的船，㦒幾担豆子，要到江南去賣，故此[518]在他船上。

呵，兄們是幾時、在那（哪）裡開船呢？

是旧年［4］十二月十八日，在本省膠州地方開洋[519]的。

怎庅樣駛到敝國來呢？

不知道，駛到半洋[520]，忽然遇着暴風，把大桅、杉板、船梢、蓬、舵盡行打壞。船裡的貨物都丢吊（掉）去[521]，那些沒有丢的，也給海水打濫[522]了。現今船上柴米水都沒有了，這個

---

[518] 故此：因此。参见注[169]［按］。

[519] 开洋：出海。

[520] 半洋：海路的中途。

[521] 丢吊去：丢掉了。［按］“去”是福州方言的完成体标记，用在动词、形容词后，表示状态变化已经完成（一般是轻声）。例如：厝卖～（房子卖掉）/气病～（气病了）/锁匙拍遏～（钥匙丢了）/面红～（脸红了）。

[522] 打滥：打湿。［按］福州方言词“湿”说“滥”［$la\eta^6$］。例如：衣裳沃～去（衣服淋湿了）/地兜一～就会滑（地上湿了就很滑）。

時候總是會死。誰想皇天保佑，十二月二十九日飄到貴國大島地方。狠蒙地方老爺可怜我們，天天賞給柴米，纔得活命。

你們既是舊年到大島，怎庅今年四月纔到這裡呢？

說起來話長，講不尽的。

怎庅樣講不尽，請教？

弟們舊年在大島，蒙地方老爺賞下木料等项，令工替弟修理船隻。此恩此德，怎生報答得了！到今年二月二十日，北風大作。有一位通事，名字叫做喜保世，他說今日北風狠好，送你們十天伙食，快些開船去罷。弟們肚裡思量，今日受此大恩，不知何日可報，沒奈何，只得收拾放洋[523]。不想命運不好，災難又到，駛到挨晚[524]，忽然又轉西風。要想前去，其勢不能，再想收回大島，[5] 理又不便。十分不得已，收到貴國奇界島裡頭。

你們是幾時收到奇界島？

弟們是二月二十一日收到奇界島，蒙那裡老爺叫小船拉進港裡。這番弟們船隻又被風浪打壞，不堪之極。蒙老爺恩典，要替弟們修理。弟們自家看這隻船傷損狠多，修理不得，求老爺把這船燒吊（掉），送我們隨貢船回去罷了。老爺不放心，親身同通事到船上看過，委實修理不得，纔依了弟們的話。老爺見弟們在這破船上歇宿不便，從新盖起房屋，給弟們居住。賞下蒲包草繩，把幾擔霉豆包好。天天柴米菜蔬、油塩醬醋送來不斷。這樣恩典，心實不安。到三月二十三日，船纔[525]造

---

[523] 放洋：出海。

[524] 挨晚：傍晚。

[525] 才：刚刚。

好，蒙老爺又撥些夫馬，把弟們的鋪盖、行李、霉豆等項東西都送到寶島船上。因為沒有順風，等到四月初二日，纔有好風開船。初四日到運天港裡，蒙運天老爺叫船送來。因為有這悶多㉖的阻隔，故此㉗擔（耽）擱到如今。

呵，原來有這些的事故，真真㉘可怜。

不想我們的運氣不［6］好，偏偏接貢船又放洋開去了，不得同去。又不知道幾時纔得囬家，替㉙父母妻子相見，這樣苦情叫人怎不心酸！

2.

老兄請放心，不要急。古人說得好："聚散離別，莫非前定"，又說"大難不死，必有後福"。兄們今日遭此兇險，也是命裡造定，何消這樣悲傷。等到十一月，進貢的船送你們到福建，自有囬家替父母妻子相見之日。如今現在㉚這裡，不必掛心。

老兄金玉之言，弟當拜謝。思量起來，弟在這裡等到十一月，日子好久。費了國王的錢粮，又費了各位老爺併通事、執事人等的心力。這樣高厚深恩不能報答，心裡其實㉛不安。

十一月纔去，這是弟們敝國的規例。定要到那時候，纔有

---

526 这闷多：这么多。［按］福州方言指示程度的副词写作"只满"［tsi³ maŋ³］，修饰形容词或心理动词，相当于普通话的"这么"。例如：～悬（这么高）/～好/～热/～甜/～想/～疼伊（这么爱他）。

527 故此：因此。参见注169［按］。

528 真真：的确。参见注③［按］。

529 替：与，跟。

530 如今现在：原写本如此。

531 其实：着实。

順風。就是國王如今要送你囬去，不是天時，也沒有方法。就是接待你們的費用、上下執事受些辛苦，也是救災恤患的道理，該當如此。兄們何消掛意！總願兄們放開心懷，不要思量家裡，保養自家身體更是要緊。

兄言狠是，弟敢不遵？其實心裡不［7］得不想。

弟又聽見俗語說道，人生在世，常將把[532]那不如己的事來解，斷沒有个不可解的事。又說："退一步自然寬"，老兄你拿那個不如己的事，自家來寬解說：我遭際不好，還有那遭際不如我的哩！這樣想去心裡自然就會寬了。兄們遭此大難，人都平安庅？

都平安。總是貨物都丟吊（掉）了，寡剩幾担豆子沒有丟吊（掉），也給海水打濫[533]上霉了，也是沒幹[534]的。

這也是命運。錢財原是人賺的。俗語說道"畄得青山在，何怕沒柴燒"，兄們大家都得平安，日後到家，這些東西都賺得來的，愁他做什庅？

雖是這樣講，只是弟們在貴國費用的東西多蒙王爺賞賜，怎當得起？等到福建的時候，又聽見說福建到蘇州還有三千餘里，到登州還有五千多里。弟們如今貨物一點都沒有了，身边盤纏一厘也沒有，怎庅會回得到家？就是做花子，千山萬水，路塗遙遠，奔走艰難，想來總是他鄉餓鬼，叫人怎不心傷？

老兄請放心，弟聽見福建的官府也［8］有盤纏相賞，料想不妨。

---

[532] 将把：原写本如此。

[533] 打濫：打湿。参见注[522]［按］。

[534] 没干：没用。

這個話不過是寬解的話，那（哪）裡會筭得定的？做官府的事情由不得我們，有許多擔（耽）擱的日子，怎庅會[535]等得？

有甚庅擔（耽）擱等不得呢？

老爺要發盤纏也不敢自專，定要寫個文書，詳到上司去。上司看了，動個本章，奏聞萬歲爺知道。再等旨意下來，行文轉過多少衙門，纔給盤纏打發起身，這個不是擔（耽）擱日久等不得的？況且一路又要撥人解送，一路関口，逢府逢縣又要投文候文，還不知道怎庅樣的艰難苦楚哩！兄們替弟想，這個話說得是不是呢？

3.

……講話半天還不知仁兄的貴姓，請問高姓大名？

弟姓鄭名世道，賤字民儀。

今年貴庚了？

賤年十八歲。這裡叫做什庅地方？

這裡叫做泊村。

仁兄貴府住在那（哪）裡？

小弟住在久米府。……聽見他們說，兄們内中有一位身上欠安，是真的庅？

有一个姓朱的身上不好。

是甚庅病呢？

是癆病。

怎庅得的呢？

---

[535] 会：能够。

他本來身上就有些不當好[536]。旧年在［9］洋面又受了風寒，擔些驚怕，故此染成這個吐血病症。

可曾喫藥庅？

在運天港時候，就蒙那裡老爺發下醫生看脉喫藥，並沒有見効。來到這裡，又蒙老爺發下兩位醫生，天天看脉喫藥。

這幾天吃藥可好些了庅？

還沒有見好。因他病深了，難得快好，須要慢慢調養，纔會見効。

兄們替[537]他講，既然有病，要把心放寬些，就会快好。若是再思量家鄉，那病越發難好了。

弟們也曾替他講過，只是他思家念切，恐不能放下。既承老兄見諭，停会[538]小弟再去勸他。

列位老兄請坐，小弟告别了。

兄台再坐一會去。

小弟到（倒）要再坐坐聽兄的教訓，因為家下還有些小事，不得奉陪，不要見怪。

弟被風漂來，心裡悶得緊。今蒙賜顧，又承大教，心裡十分爽快。正古人所謂“同君一夜話，勝讀十年書”。兄們今日在這裡坐好久了，也沒有一杯茶奉敬，多有怠慢，連弟自家也覺得慚愧。求兄台再宽坐一會，喫袋煙去。

承兄抬愛，弟當從［10］命，只是賤忙緊急，不得不去。

府上既有要緊的事情，弟也不敢強留。只是今日相别，不

[536] 不当好：不很好。

[537] 替：跟，对。

[538] 停会：过一会儿。

知幾時还肯屈駕辱臨敝寓賜教，開弟茅塞之心。

好說好說，另日領教，固弟所願。相會日期，這是定不得的。只是有一點空閑，就來貴館領教。各位老兄請了，大家請坐，都不要送。

仁兄既要回府，那（哪）有不送的理。

豈敢豈敢！仁兄是客，小弟是主，那（哪）有客送主的道理？

小弟雖是客，既住在這裡，就是主了。仁兄雖是主，既到這裡，就是客了。這樣看來，小弟是客中主人，仁兄是主中客人。到了牆外，小弟纔是客，仁兄纔是主哩！仁兄不要小弟遠送，也要到門口，纔是正礼。

小弟不時常來，仁兄這樣礼數，弟心其實不安。

仁兄今日初會，若再來時小弟就當從命。

多謝，多谢！

今[539]到門口，請留步，留步！

呵，請了！

4.

通事請坐！

呵，告坐了！大家都請坐！弟常來，不要拘[540]。那一位姓朱的這幾日病症怎庅樣的了？

還不見好。

---

[539] 今：现在。[按] 福州方言“现在”说 [taŋ³]，俗写“伶”。

[540] 拘：拘礼，客套。

你們替[541]他講，他愛吃甚［11］広東西，來對我說，我去囬老爺，送來給他吃。

呵，我替他講。

……

剛纔回去問他，他說都不想什広東西吃。

送來的米、小菜，彀吃不彀吃呢？

狠彀吃，还吃不完。

你們要用的什広東西，替我講明，我去囬老爺，送來給你。

我們也不用什広，只是夜裡蚊子好多，睡覺不得。如今天氣炎熱，夏衣都沒有，不知道怎広樣纔好。

我回去商量看看。

有劳了。

弟時常來的，請留步，不消送了。

呵，弟不送了，請了！

昨日你們講的話，我去囬過老爺了。老爺說做蚊帳、夏衣送來給你們。

多謝老爺天恩！

5.

請問通事，這兩天外边只管打鑼，做什広事情？

---

[541] 替：与，跟。

這是爬龍舟[542]的在那裡相鬪[543]。

你們這裡的龍舟爬幾天呢？

我們這裡的龍舟是四月二十八日下水，五月初六日上岸，不過八九天的光景。你們大家要看，到初四日，我來邀[544]你們出去看看，也好解解悶。只是我們這裡爬得粗鹵，不好看，比不得你中國爬得好看。

這裡龍舟共有幾隻［12］呢？

這裡只有一隻，那霸港有兩隻，一共三隻。到初四日這裡的船也到那霸港口，會攏一處鬪爬[545]。

有小船跟着広？

並沒有。

這樣看來，替[546]我中國的龍船差不多一樣。

中國是怎樣的？

我們那裡，一隻龍舟就有四五隻小船前後相帮。日裡舞旗招摇，使鎗弄棒；夜裡點燈結綵，弹唱歌舞。也是四月二十八日下水，五月初六日上岸。

那自然好看些。

還有一件事情要替通事商量，不知道使得使不得？

什広事情？

我們那幾担豆子，不知道放在那（哪）裡？

放在那霸。

---

[542] 爬龙舟：划龙舟。参见注[202]［按］。

[543] 相斗：竞赛。参见注[205]［按］。

[544] 邀：引导。参见注[57]［按］。

[545] 斗爬：划龙舟比赛。参见注[205]［按］。

[546] 替：与。

這幾担豆子，我們囬家的盤纏全靠着他。如今雖有些霉的，也还有些好的，恐怕放在那裡日子久了，裡頭發起熱來，都是沒幹[547]的了。求通事替老爺相議，不論甚庅價錢，這裡替我賣去，弟們感恩不尽。

我們這裡的王法，貴國有飄來的船都不替[548]他買賣，着實嚴緊，誰敢故犯？這個豆子要賣，斷然使不得的。

不通買賣這個話，弟在外島也聽見說了。只［13］是遭遇有個常变，做事也有個經權，原是定不得的。若是在這裡住不長久，這個豆子可以不賣；這裡住得長久，這豆子不怕發熱的東西，也可以不賣。於今[549]要到十一月才得動身囬家，這悶[550]長久，豆子是有油的東西，一時發起熱來，怎庅好呢？貴國法度雖是嚴緊不過，是處常守經的道理；當這樣的時候，遭此大变，以情理筭起來，通權達变的道理未嘗不可行。若是通權，把這幾担豆子替我們賣去，有多少的好處：一則省得日夜看守，費人的心力；二則省得裝來裝去，費船隻的往來；三則省得發熱，免生油氣。這是有用的東西，撩在那沒有用的地方，也不可惜了？就是貴國也省得許多的勞心，怎庅樣就斷然使不得呢？求通事替我回聲老爺，求老爺主裁，准給發賣，我們感謝不盡。

我替你回老爺一聲，看老爺如何主意[551]，再來回覆你們。

雖是老爺做主，还求通事幫襯纔好。

---

[547] 没干：不中用。

[548] 替：与。

[549] 于今：如今。［按］琉球官话的“如、于”同音。

[550] 这闷：这么。参见注[526]［按］。

[551] 主意：做决定。参见注[191]［按］。

這個不消吩咐，可以做得來的，沒有個不盡心的。[14]

多謝！通事又要費心了！

好說，請了！

……

你們所托的事，我替老爺講過了。老爺說，難道不依你們嗎？只因這是國王的法度，誰敢替你私下偷賣？若是怕他發熱，只好叫人天天挑去晒。若是要賣，這個斷不敢行這通權的法，求你們見量（谅）見量（谅）。

6.

我纔聽見說，貴國又有漂來的人到這裡來了。

怎庅講又有漂來的人到這裡了？如今在那（哪）裡？

現在馬齒山。

通事怎庅知道？

剛纔馬齒山有文書報來，所以知道。

這馬齒山在那（哪）裡？

就在這港口外边，離這裡不多遠，可以望得見的。

旱路去得庅？

旱路去不得，只是水路去得。

是那（哪）裡的船？

是福建的船。

福建什庅地方的？

是福建厦門地方的。

他的船還好庅？

船打壞了。

人都平安庅？

都平安。

船上共有多少人呢？

連客共有二十七人。

既是福建的船，想必客人也是福建的人了？

有一位客是你們的鄉里[552]，也是江南蘊州府人。

吗什広名字呢？[15]

我見那文書寫着姓潘，名字忘記了。

這一向都沒有什広大風，他怎広樣漂到這裡？可也奇怪。

他不是如今纔漂來的，也是舊年就飄來的了。

这更奇怪了，既是舊年就漂來的，这裡替[553]馬齒山相隔不遠，他怎広不早來通報，也好随接貢船送他回家。怎広擔（耽）擱到如今，這是為何？

他去年漂到敝國的時節並不是在馬齒山，就是在外島太平山地方，離這裡好遠。

在那（哪）一方呢？

在這西南方上，要有西南風纔可以來得。因他在那裡等好風，故此[554]擔（耽）擱到如今。

呵，原來這樣的！如此看起來，想必是太平山的船把他們送到了馬齒山，馬齒山的老爺纔有文書來報。

正是。

7.

敢問通事，我們同病的人就住在馬齒山，还要送到這裡來

---

[552] 乡里：同乡，乡亲。［按］福州方言词“乡里”［hyoŋ^{1} li^{3}］，指邻里街坊。

[553] 替：与。

[554] 故此：因此。参见注[169]［按］。

住呢？

怎庅說是同病的人？

就是太平山送來的那些漂來的人哪。他們是去年被風打到外島的，我們也是去年被風打到外島的；他們是於今纔到這裡，我們也是於今纔到這裡；他［16］們沒有赶上接貢船，我們也沒有赶上接貢船。这不是同病的庅？

呵，这様講究庅，还要送他們到這裡來住哩！

幾時纔得來？

大約明日就來了。

住的房子有了庅？

還沒有做，就要動工起盖[555]了。

起[556]得及庅？

起得及。

在那（哪）裡起盖呢？

就在这西邊，替[557]你們做鄰居，可好庅？

好極了！我們在这裡孤單得狠，他來这裡做伴，真真可以解些愁悶。前日有一位姓阮的，在这裡講話半天，講得狠好；这幾天不來，好悶殺我了。

他呌甚庅名呢？

他呌崇基。

那是舍親。

呵，是令親庅？甚庅親呢？

---

[555] 起盖：建造。［按］福州方言建造房屋叫“起厝”，“起”为动词。

[556] 起：同“起盖”。

[557] 替：跟，与。

是我同門[558]。

既是同門，若有便人，煩勞通事寄個口信去給他知道：他若得閑，請他來这裡玩玩。

若有順便的人，我捎信給他。

通事兄仲幾位？

兄弟四個。

你排行第幾呢？

排行第二。

今兄令弟怎庅不到这裡來玩？

家兄舍弟因為家裡有事不得來到，等有閑[559]的時候就來奉拜。你們請坐，我回去了。

再坐一會去。

停會[560]再［17］來。

8.

阮先生來了！久違久違，請坐！

呵，告坐了。这幾天各位老兄都平安庅？

托福平安。

那一位姓朱的病可好了庅？

这幾天畧好些。这三位先生貴姓？

这兩位姓蔡，这一位姓鄭。

---

[558] 同门：连襟。参见注[250]［按］。

[559] 有闲：有空。参见注[324]［按］。

[560] 停会：过一会儿。

想必替[561]鄭通事蔡通事都是一家了，不知道什広名字？

这位字定菴，名天保，是鄭通事一家。这位名永思，字克比，是蔡通事一家。这個就是蔡通事的令郎，名楫，字克慎，替小弟是郎舅。

呵，蔡通事是先生的令岳翁広？

是家岳父。

各位先生，弟們被風漂來，不知貴國的礼數，又不知貴國的言語，得罪處狠多。敢求見諒，不要記怪。

豈敢豈敢，天下総是一礼。中國乃礼義之邦，兄們居中國，弟們僻處海隅。如今兄們到这裡，弟們正要到这裡領教，怎広說不要見怪呢？

弟生性愚蠢，又未嘗孶問[562]，礼數一點也不曉得，有什広教可領呢？

好說，老兄不必過謙。

蔡兄青春多少？

学生痴長十五歲。

好青年[563]！令尊貴庚？

家父五十一歲。

我［18］們漂來，帶累令尊翁大人日夜在这裡勞心費力，不得回府安心自在，我們真是千古之罪人。

小舅官話一点不曉得，先生纔講的話，他不明白。

令舅既不明白，求先生替我轉言。

---

[561] 替：与，跟。

[562] 孶问：即“学问”，此处作动词用。

[563] 青年：年轻。

呵，遵命。

令舅講的話，小弟也不曉得，求先生教我。

小舅纔講的話，說他家父身任國事，正該公爾（而）忘私，國爾（而）忘家，就是受了一点辛苦，也是職分當然。只是精神衰微，辦事不明，上負老爺的恩，下傷朋友的義，得罪兄們，還求見量（谅）。

蔡兄这話一發使我們不安了。

9.

請問阮先生，我們在外島看見，那些該班[564]的人來看守我們，都有替换。或三天一换，或五天一换，輪流着來。獨獨通事兩位都沒有替换。这裡也是这樣麽？

这裡不是这樣。

这裡是怎樣的呢？

这裡的通事是一個月一换。

这裡的通事有人替换，外島的通事沒有人替换，是怎庅說呢？

弟也不曉得。想必外島的通事止有兩个，所以纔沒有替换。

这裡的通事有多少呢？[19]

这裡的通事狠多，其中品級經管不一樣。你們在这裡，有照顧你們的通事；你們回去，有送你們過海的通事；有在福建

[564] 该班：值班。

館裡料理事情的存留通事，有跟隨大老爺到北京進貢的大通事。

前日先生在这裡講話半天，小弟領教狠多，心裡茅塞不竟頓開。到先生回府，連日沒有相見，心神恍惚，就像打吊⑮東西一樣。《詩經》所謂："一日不見，如三秋兮"，正是这個意思。前日也曾託過貴同門鄭通事，寄一口信問候，不知到了沒有。今日又蒙下顧，真真三生有幸了！

小弟本愛⑯天天來領教。因為家事所累，不得前來。昨日敝同門托人寄信，甚感兄台過愛，所以小弟今日撇下家事，特來拜謝。

10.

这幾日天氣炎熱，夜裡蚊子狠多，日裡不得安寧，委實難過。你們貴國也是这樣庅？

我們敝國也不一樣，江南地方替⑰这裡差不多的。山東地方，比这裡風凉⑱些，蚊子比这裡會少些。我們在这裡，如今天氣雖是炎熱，蚊子滿多⑲，幸喜老爺憐憫我［20］們沒有帳子，就做些帳子賞給我們；沒有夏衣，就做些夏衣發來。若不是老爺这樣恩典，還不知我們怎樣難過哩！

---

⑮ 打吊：丢失。［按］"丢失"福州方言说"拍遏"［phaʔ7 taung6］，"拍"相当于普通话的"打"；"遏"的意思是"落下"或"遗失"。

⑯ 爱：要，想要。参见注⑬［按］。

⑰ 替：与。

⑱ 风凉：凉快。

⑲ 满多：尽管很多。参见注⑪［按］。

兄們自從到这裡，有出去外面玩玩、解解悶沒有呢[570]？

前日承通事的美意，邀[571]我們出去看龍舟；又承費心辦下酒席，請我們大家吃酒；吃完了又到庙裡去玩要了半天，方纔回來。

聽見說貴國的龍舟好看，敝國的龍舟沒有什広好看。

貴國的龍舟也好看，替我敝國的龍舟畧不相同。

那邊盖起的房子，是什広人住在裡頭呢？

也是漂來的人，就是前日太平山送來的。先生还不知道広？

弟也聽見說到，不曉得住在这裡。他們的船是商船是哨船呢？

是商船。

是那（哪）裡的商船？

是福建的商船。

你們替他都認得広？

他們福建的人，認不得他。

他們都是福建的人広？

有一位是蘓州府吳江縣的人，我們也認不得他。

我們如今過去看他一看。

先生過去看他，还來広？

天晚了，小弟過去看［21］了他就要回去，不來了。

---

[570] 有……没有呢：正反疑问句式。［按］福州方言疑问句句式“有＋VP＋无”，相当于普通话的是非问。例如：有食酒无（喝酒了吗）？/有遏雨无（下雨了吗）？

[571] 邀：引领。参见注57［按］。

既是这樣，小弟送送。

前日講過，再来不消送，怎広今日又要送呢?

虽是这样講，今日蔡先生替[572]鄭先生兩位是纔到这裡的，那（哪）有不送的理?

豈敢！小弟雖是纔來，朋友之間不拘禮數，請留步！

呵，從命了。先生明日还來広?

明日若是沒有事情，就來領教。請了！

不送了！

11.

通事請坐！

呵，有坐了。

各位先生都請坐！

他們不曉得官話。你們讓他坐，他也不曉得。

各位先生既不曉得，还煩通事替我轉言，致意一声纔好。

呵，我替[573]他講。

……

講過了，他說多謝。这兩位是照看你們的，今日下班要回家去，特來告辞。这兩位也是照看你們的，今日上班，特來奉拜。

承蒙雅愛，多謝多謝！各位先生因我們在这裡，來的來去的去，勞勞道路，不得安閑。又承下顧，我們怎広當得起！他既來拜我，我若是不去拜他，就不是礼。我該當去回拜。如今

---

[572] 替：与。

[573] 替：跟。

先生回去的朋友，小弟不得奉送；新來的朋友，又不得去拜望。求各位［22］先生恕罪恕罪！

你們講的話他們也不曉得，只是他們也是替國王辦事，應該这樣的。就是做通事的也有替換，今日弟也要回去了。

怎庅通事今日也要回去呢？

正是，今日要回去了。

甚庅時候動身？

新通事還沒有來到，等他到了，交代明白，弟纔動身。

我們替通事纔相熟了，通事又要回府，叫我們怎庅捨得？不知今日别後，幾時纔得相会？

回家住一個月又來替[574]你們做通事了。今日換來的通事也是最好的人，你們放心。要用甚庅東西都對他說，他自然替[575]你們料理。

請問通事，纔換來的通事貴姓？

姓林。

想必蔡通事今日也要回去了？

呵，今日也要回去。

通事府上到这裡也不多遠庅？

呵，不多遠。

既不多遠，通事有閑的時候，敢求來这裡講講玩玩，不要棄嫌。

豈敢，若是有閑，自然來奉侯。還有一句話，先要告罪。

好說，通事有甚庅話見教請講，怎庅說告罪二字？

---

[574] 替：为。

[575] 替：为。

停一会[576]林通事若是來得黑［23］了，弟就收拾起身，不得前來告辭，不要見怪。

豈敢，豈敢！通事回府時候，弟們也不得去送，多有得罪，莫怪莫怪！

豈敢。

12.

弟这裡還有替[577]通事点的書，今日帶去不帶去呢？

点完了庅？

還沒有点完。

沒有点完，把那点了的給我帶去，還沒有点的放在這裡。等點完了，小舅蔡克慎不時常來，交給他轉寄給弟。費兄的精神，再來拜謝。

通事怎庅講这個話？小弟愚蠢，不知世事。前日承通事命下，不敢有違，已屬妄為，令人見咲了。今日通事又講这個話，一發使弟慚愧不過，就像坐在坐針毡上頭一樣，心裡其實[578]不安。

弟還有一事相托。

通事有什庅吩咐，弟沒有個不聽從。

小舅蔡克慎，那中國的礼數言語，都不知道。他來的時候，求兄不要吝教，盡心教導，他自然曉得。

---

[576] 停一会：过一会儿。

[577] 替：为。

[578] 其实：着实。

弟是山野村夫，都沒有一點見識。通事既然不把弟看做愚人，令舅來時，弟不曉得的就罷了，若是曉得的，沒有個不盡心教導的。

多謝你們，这樣狠［24］好。弟還要同他們到福建朋友那边去看看。你們大家請坐，不要動身。

呵，不送了！

13.

各位老兄失驚[579]了！

嗳，一言難尽！先生請坐！

呵，大家一同坐。兄們都是那（哪）裡人？

也有山東的，也有江南的，也有浙江的，不是一塊的人。

船主是那（哪）裡人？

是江南的人。

江南是那（哪）一府那（哪）一縣呢？

是蘓州府常熟縣。

姓什庅？

姓張。先生貴姓？

不敢，賤姓林。

昨日鄭通事講，有一位姓林的來做通事，替他回家[580]，敢莫[581]就是尊駕庅？

正是小弟。

---

[579] 失惊：吃惊，受惊。

[580] 替他回家：替换他，他回家。

[581] 敢莫：莫非。

失敬了，請烟！

剛纔偏[582]過了。

再吃一袋！

不用了。

通事既不吃煙，請杯茶罷。

呵，多謝了。弟昨日到这裡，就要來貴館拜望，因天時晚了，恐怕不是礼，故此[583]等到今日纔來拜望，未免遲了。恕罪，恕罪！

好說，豈敢。小弟不知尊駕到來，失了迎接，多有得罪，求通事不要見怪。

豈敢，弟承老爺的鈞命，來替你們做通事。你們要用什庅，都替弟講，弟沒有個不盡心替你們轉稟的。只是官話本［25］來不大曉得，又兼好久沒有到中國去，官話曉得的都忘記去了[584]。如今聽你們的講話，弟還知道；弟自家[585]說就說不出來，還要求你們教導纔好。俗話說的好："三日不念口生，三日不做手生"；又說"拳不離手，曲不離口"，真個有这個事[586]。弟當日在福建的時候，耳之所聞，目之所見，往來交接都是中國的言語，所以畧畧曉得。如今回來好久了，貴國的官話禮數好久沒有聽見，故此都不記得了。

通事的官話很好，你們这個話是謙虛的話了。我們有一件事情要替通事商量，不知道怎庅樣纔好。

---

[582] 偏过了：称自己已用过茶饭等。偏：谦辞。

[583] 故此：因此。参见注[169]［按］。

[584] 忘记去了：忘了。［按］福州方言的完成体标记是动词后的"去"，相当于普通话的"了$_1$"。

[585] 自家：自己。

[586] 真个有这个事：真的是这样。参见注[157]［按］。

有何見諭請講？

如今天氣炎熱，房子裡頭一點風也沒有，又見裡頭暗暗的。意思要把这前頭的房簷下邊開兩個窓戶，一則通些風進來，二則也見得裡頭光亮，好不好呢？

这樣也好，只是日頭照進來，也有些不便。不如外邊靠着房子盖一個涼篷，裡頭房簷下開個窓戶。家裡一來有風，二來也沒有日頭照進來。这樣不更好庅？

这樣果［26］然好，只是又要費你國王的錢粮，辦事人的心力，我心上怎庅過得去呢？

兄們說那（哪）裡話，兄們放心保養身體，大家平安回家，别的都是小事。那边住的就是福建的朋友庅？

呵，正是。

弟過去看看他們就回去稟報老爺知道，好替你們料理起造涼篷、修拾[587]窓戶的事情。

通事纔來就这樣替我們勞心，感謝不盡。

14.

昨日議論的事，我們老爺無有不依。本要今日就來修拾，偏偏那邊有公事，那些做工的人不得空閑，木料東西還不彀用。現今吩咐人去脩辦了，等明日來修盖，可使得庅？

这件事情沒有甚庅要緊，既是那邊有公事，只管去做。若是明日來不及，就是後日；後日來不及，就是大後日來这裡做也不妨的。

今有一件事要替你商量。

---

[587] 修拾：收拾。参见注[209]［按］。

通事有甚庅事？

今日醫生說，朱三官的病，吃好多藥了，並沒有見效。大約因这裡人多，日夜吵鬧，不得清静，纔不見效。这也未可定。想要另盖一棡小房子，叫他在裡頭住着養病，[27] 好不好呢？

这樣狠好。還不知道朱三官肯不肯，等我替[588]他商量看看。

你對他商量，只說有病的人定要養静纔會快好，他沒有個不肯的。

纔替他說了，他問要在那（哪）裡另盖房子給他住。若是在這房子左右他就肯；若是遠了，我們大家來往不便，不獨那病人不肯，就是我們大家也斷然不肯的。

你我大家一起過去看一塊地位，就在这房子東首，可好庅？

这裡很好。

既然这裡好，明日叫匠人在这裡起盖[589]就是了。

15.

病人朱三官有一句話叫我替通事講，只是这一件事東西狠貴，又不知道貴國有沒有，我們本不好開口。因是通事時常講過，病人要用什庅東西都替你講，我今日纔敢大膽開口。

---

[588] 替：与。

[589] 起盖：建（房屋）。参见注[555]［按］。

弟替[590]兄們住處雖是天各一方，既到敝國，弟做通事，傳兩邊的話，時刻來往，就像一家了，有話不妨滿[591]說，何消做这樣客套。

人參这裡也有庅？

有。

是本地出的庅？

本地沒有出，也是貴國買來的。

朱三官的病症十分［28］沉重，又久了，也愛[592]用人參一点，不知道有沒有，也不知道吃得吃不得，求通事替老爺、醫生大家商量商量。

如今醫生不在家。

那（哪）裡去了？

有人請他看病去了。

幾時回來？

下晚回來。等他回來，我替他商議。若是用得，就去回老爺。

16.

今日天時清凉，你們大家出去走走玩玩，解解悶，好不好呢？

狠好，不知道去那（哪）裡玩？

就在这西边廟裡、山上、沿海一帶地方。

---

[590] 替：与。

[591] 满：尽管。参见注[110]［按］。

[592] 爱：想要。参见注[138]［按］。

有景致庅？

也沒有甚庅景致，不過閑步散悶就是了。

什庅時候去？

隨你們的便。

如今就去好嗎？

也好，你們大家穿衣裳，我回去叫那照顧你們的人來，陪你們大家去。又[593]叫一個人，拿一壺茶跟着，走得渴了吃一杯也好。

我們並沒有什庅衣裳，就是这隨身的衣裳去罷了。

既是这樣，你們畧停一會，我去約他去。

通事來了，請替[594]各位先生進來坐。

不進去罷。

進來吃袋烟再去。

剛纔吃了，如今他們都來了，大家就走罷。

呵，通事先走，我們隨後。[29]

你们在这裡是客，還是你先走。

我們不敢有僭。

好說。

我們先走，不曉得路頭，又不知道往那（哪）裡去。到（倒）是通事先走纔好。

既然这樣，我前頭引路便了。

……

---

[593] 又：（另外）再。

[594] 替：与。

我們好久都没有走路，如今出來走没有多久路，兩边大腿好疲不過。在这樹下歇歇，吃杯茶凉凉再去，使得使不得？

好得緊。

17.

請問通事，我們看那朱三官的病十分深了，恐怕不會好。醫生可有說[595]醫得醫不得呢？

醫生也曾說過，他的病症就是你們貴國的醫生也難醫得好了。天天在这裡替他看病的那兩位醫生，那一位年輕的是这裡的，那一位年老的是首里府國王差來的。这兩位是敝國最好的醫生。

既是这樣，他也狠不愛吃藥，如今不要給他藥吃也罷了，何苦枉費了國王的錢粮。

这個使不得。我們國王愛民如子，譬如兒子有病，做父母的也明明曉得醫不好的，怎庅肯看着他死，不給他藥喫呢？这自然要藥給他喫，也省得日後懊悔。

既是这樣，[30]他雖然不愛喫，也不得不勸他喫了。

若不叫他吃，一則辜負國王的天心，二則又恐怕見怪，說我們不理他，不肯盡心調治，加罪我們，怎當得起呢？

通事这些話可見是體諒國王怜憫难人的意思。若是托天保佑會好，这是他的造化，也不枉通事費心一場；若是大數已定，難以答（搭）救，死了之時怎樣替他料理呢？

这个你們到（倒）不消掛心，我們自有主意，替他偹辦。

徃年漂來的人，也有在这裡死的没有？

---

[595] 有说：说过。“有”表示对过往事实的肯定。参见注⑲［按］。

康熙年間有一隻哨船被風漂來，船上有一個頭目姓王的，得病死了，就在这廟前埋下。

18.

那边高山頂上遠遠看見一所寺院，裏頭供養是什庅神像呢？

我也不曉得。

我們这裡玩要好久了，如今從这海灘上一路走去看看海面的光景，慢慢玩着回去罷。

通事你看水中幾隻小船搖來搖去，是做什庅的？

是討魚[596]的。

山嘴那边兩隻大船張篷出來，是什庅所在？

是那霸港口，將來你們回國，就到那裡去上船。

進［31］貢的船，也湾[597]在那裡庅？

正是。

前日鄭通事說我們那幾担豆子屯在那霸地方，想必就是那裡了？

我也聽見講就是那裡。

我們要求老爺把那幾担豆子在这裡發賣，省得霉爛。老爺因為有禁，不准發賣，肯替我們時常搬去晒，如今不知道怎庅樣晒法？豆子是有油的東西，比不得别的貨物。趁着日頭晒了，又要等日頭落了，沒有熱氣，凉了纔好收拾起來。若是收

[596] 讨鱼：捕鱼。［按］福州方言“捕鱼”说“讨鱼”。“讨”是“寻找”的意思。

[597] 湾：停泊。

起早了，正晒熱的時候堆在一處，越發霉爛得快了。那豆子原是艸包包的，要打開包晒晒纔好。裡頭原是給雨打濕了的，若是把原包抬去晒，怎庅会晒得透呢？

这些事情我还不曉得，等我問个明白再来回覆你們就是了。

19.

那一造[598]横橋叫做什庅名？

叫做泊高橋。

看那横橋做得狠好，上去玩玩，使得使不得呢？

使得。

这橋頭靠北的那一座石碑，可就是為这橋豎的？

正是。

这礄是什庅年間造的？

是康熙時候造的。

康熙以前沒有礄庅？[32]

有礄，當原先[599]是木橋，年代久了，橋樑損壞，走過不便。國王發心，纔造这座石礄。

遠遠看着那一起[600]人，好像阮先生和蔡先生來了。

呵，我們看着到（倒）是像他，那幾位到底看不出來是誰。

---

[598] 一造：一座。[按]“造”当为“座”字。福州方言歌豪相混。

[599] 当原先：原先，当初。参见注[362][按]。

[600] 一起：一群，一伙。参见注[44][按]。

等他到了，自然認得。

各位先生請了，大家都在这裡玩広？

呵，蒙通事的情，帶我們出來，到那山頂海邊滿处[601]看看玩玩。一則解解愁悶，二則廣廣見識。將來到家的時節遇着親戚朋友，問起貴國的光景，我們也好稱赞一番，也不枉來这一遭。

好說，敝國地方褊小，偏僻所在沒有什広景致，那（哪）中得先生的觀看？不日尊駕回國，替[602]那鄉里親戚朋友講話之間，說到敝國的情景，真真令人見笑！

豈敢，豈敢！貴國情景狠好，弟們恋恋不捨。

这又是兄們太褒獎了。

衆位先生这一向怎広都不來呢？敢莫[603]我們有得罪広？

說那（哪）裡話，弟因家裡有些小事，不得前來領教。得罪，得罪！

豈敢，豈敢！請到敝館去坐坐。

兄們好久沒有出來，再玩玩［33］去。

弟們玩好久了，回去罷，請了！

通事請進去！

罷了，我不進去，也要回去敝館看看。

沒有事情進去吃袋煙再回去。

---

[601] 満处：到处。

[602] 替：跟。

[603] 敢莫：莫不是，莫非。

我雖然沒有事，他們陪你出來的人要回去，我替[604]他一起回去也好。停一會再來吃煙罷。大家請便！

勞通事的大駕陪我去玩，感謝不尽！又劳这幾位先生的大駕，起動[605]通事替我道謝一聲。

你們請進去，我替[606]他說。

20.

阮先生替[607]各位先生請進！

不敢，還是先生前步！

这個使不得。你們到我这裡是客，我們怎敢僭先呢？請請！

有僭了！

家裡熱不過，我拿幾領席子出來，鋪在这蓬底下，大家坐坐凉凉，好不好呢？

这個狠好。幾天沒有來，貴館收拾的比前大不相同！外边有这凉篷，可以乘凉；裹頭開了窓戶，又見光亮。好得緊！

这都是老爺的恩，可憐我們难民的美意，所以纔得这樣的自在。

兄們到这裡，敝國的甘蔗番薯大約还沒有喫着。今日弟們備有幾觔送你各位先生嘗嘗，不要棄嫌。[34]

多謝盛情！遭难到这裡來，承各位先生不棄，早晚看顧，

---

[604] 替：跟。

[605] 起动：劳驾。参见注[152]［按］。

[606] 替：跟。

[607] 替：与。

教導世事人情。一則消解愁悶，把我想家的心腸都減去一大半；二則各位先生所講的話，都是大道明言，把我冒昧心腸，也覺得瞭然，心裡不勝感激。今日又承台（抬）愛，送下这様東西。弟在这裡，並沒有一点東西回敬。若是不收，又恐怕見怪；若是收了，自己又見慚愧。心裡其实[608]不安。

說那（哪）裡話，弟們生長海邉，淺見寡聞，並沒有明師益友，廣我見識。你兄們都是大邦人物，礼義之鄉，言動舉止那（哪）一件不是給人可學的？弟本愛天天來領教，因家事掛累，不得前來受教，心中自覺茫然不安。今日畧有得閑，特意來到这裡請教。兄們反說領我們的教，这話又從那（哪）裡說起呢？送那一點的小可，不過是弟們家裡栽的，何消掛意？兄們又是被風打來的，沒有東西那（哪）個不知道。知己朋友不要拘那礼數，弟們一點芹心[609]，望兄收下，不消做这様客套。

弟还有一言告稟：这一囬的盛情，［35］沒有個不收的道理。從命以後，再不要这様費心，委實叫我過意不去。

呵，從命了。

这房子東頭新盖那一榈小房子是做什庅的？

这是老爺体量（諒）那病人的。因為这邉人多炒（吵）鬧，恐怕病人不安，所以另盖這一榈小房子，給他住在裡頭養病。

有病的人自然要清靜，病纔會容易好。請問先生，那病人这幾天喫藥會好些庅？

沒有見好些。

---

[608] 其实：着实。

[609] 芹心：薄礼表达的心意。

21.

蔡先生，令尊大人在府庅？

呵，在家裡頭。

这一向都好庅？

託福，今日小弟來的時節，家父吩咐請各位先生的安。

多謝罣心！令尊大人怎庅这幾天都不來这裡玩玩？

因有小事在家料理，不得來問安，多多得罪！

前日令姐夫鄭通事畱有幾本書在这裡點，如今點完，蔡先生順便帶去，寄還給他好庅？

昨日弟見家姐夫也替[610]我說過，先生也曾替他點的書[611]。既然點完，小弟帶去還他，好不過的。家姐夫還有話託小弟說，有劳先生，另日面謝不盡。

好說，煩劳兄臺，替令姐夫說一［36］聲：弟所點的差錯處狠多，不是弟不盡心，弟因見識有限，不要見怪。看有不着[612]所在，自家[613]更正。

22.

定菴鄭先生，这幾天你們有見他沒有？

見他來了。

是幾時見他？

---

[610] 替：跟。

[611] 先生也曾替他点的书：原写本如此。

[612] 不着：不对，不正确。参见注[199]［按］。

[613] 自家：自己。

今日早起[614]見他來。

在那（哪）裡見他來？

因有一點小事，到他家裡去見過。

到他府上有何貴幹呢？

實不相瞞，他祖母身上得病，去他那裡問候。

是什庅病呢？

脚後跟生一個瘡，也不知道是什庅瘡，好利（厲）害不過。

有請醫生料理沒有[615]？

有，正在那裡上藥，還沒有見效。

怪道是，我當是他怎庅這幾天不來，原來是這樣的庅。借重阮先生，若是再見著他，替我問候他祖母的瘡好了沒有，拜託拜託！

好說，承先生的吩咐，自然奉命。

23.

如今天黑了，弟們回去，明日再來。

我們夜飯[616]煮好了，就在这裡喫個便飯回去罷。

多謝多谢，我們家裡有事，回去喫罷。

弟們留你兄們在这裡喫飯，不是為兄們家裡沒有飯喫。大家都是好朋友，在这裡講話玩玩，遇着喫飯［37］的時候，就在这裡喫一點何妨？只是做的沒有什庅味道，不當[617]好喫，不

---

[614] 早起：早晨。

[615] 有……没有：参见注[570]［按］。

[616] 夜饭：晚餐。［按］福州方言“晚餐”说“暝”［maŋ²］，例如：食～（吃晚餐）。“夜”也说“暝”，例如：日～（日夜）/半～（半夜）。

[617] 不当：不很。

要棄嫌！兄們就在这裡喫飯，也是貴國的東西，並不是我們的物件，說什庅多謝呢？

雖是这樣說，我們國王送給你們喫的，就是替[618]你們的都一樣，如今我們喫了，恐怕你們不彀。

說得一發可笑了，兄們会吃得多少，我們就會不彀？國王天天發來的東西柴米，吃都不盡。今晚定要留你在这裡喫頓去，我們纔得安心。兄們不要这樣做客[619]。

先生好意相留敢不領情？現在奉禁不敢有違，小弟心領就是了。

怎庅說是奉禁呢？

这柴米、東西是國王送給你們的，就筭是你們的了。敝國的法度利害，大凡你們的東西，不論大小多寡，就是一艸一木一針一線也不許我們要你的。若是在这裡喫飯，門上看守的人看見，報給老爺知道，我們就不好了。

这樣說來，你們送我的東西也是違禁了？不然，这又是怎庅講呢？

我們这裡規矩只許我們送你東［38］西，不許我們收你的東西。我們送你東西，國王知道就欢喜；我們收你的東西，國王知道就惱起來。求兄見諒見諒！

这話我也再不肯信！这个不過是喫食的東西，又不是什庅希罕的東西。現今在这裡，並沒有人看見，請喫一點不妨？

这是掩耳偷鈴的話，只好瞞自己，瞞不得別人。你都不聽那古人說，“人間私語，天聞如雷”，又說，“欲要人不知，除

[618] 替：跟。

[619] 做客：客气。

非己莫為”？今蒙老兄過愛，本不該推辭；現今天時晚了，回去路上还有一塊有水的地方，趁這退潮的時候好走不過。若再擔（耽）擱一會，越發晚了，潮水又滿，那時行走不便。今日甚是領情，像是喫過一樣。弟告辞了，不要見怪！

潮水還早，兄們要去，総是不愛在这裡喫飯就是了。既然不肯喫，弟也不敢強留，請坐喫袋烟去。

罷，不喫了，各位都請坐用飯，弟不陪了，請了請了！先生替家姐夫點的書拿來給弟帶去。

呵，蔡先生囬去，煩勞替我問候令尊大人一聲。

呵，多承厚意了！請了，不消送，［39］請留步，不要拘礼。

呵，失送了。

24.

你看鄭通事來了，通事請坐！

呵，告坐了，列位都請坐！

通事这一向貴体都好広？

好。

府上都平安広？

都平安。你們大家都好広？

托福。

朱三官的病如今怎広樣了？

不見好，一發沉重了。

他在那（哪）裡住？

在那邊新盖的房子裡頭養病。

我過去看看他。

呵，朱三官，通事來这裡看你。

嗳，多謝勞駕了！

你睡着不要起來。一天喫得幾頓飯呢？

也不定，三頓也喫，兩頓也不打緊。

喫乾飯喫稀飯呢？

喫稀飯。

一頓喫得多少呢？

有時喫得兩碗，有時候只喫一碗多些。

你要安心靜養，不要性急。我囬去了。

通事再到那邊去坐坐，喫鐘茶講講再去。

25.

呵，我看朱三官的病，其實[620]利害。你們大家用心伺候看守他要緊。

曉得，不消通事吩咐。林通事回家去了庅？

回去了，昨日我來得黑了，他又去得急，所以不來这裡告辞。他說得罪兄們，失敬了，不要見怪。

好說，豈敢！前日［40］托令舅寄去的書，通事可曾收了庅？

收過了，多謝，費心得緊！

好說。敢問通事，今年去中國的船是幾隻呢？

接貢的一隻，送你們飄風來的兩隻，共総[621]三隻。

---

[620] 其实：着实，真的。

[621] 共总：总共。［按］“总共”福州方言说“共总”。

幾時回來呢？

大約七八月纔得回來。

今年進貢还是等这只船回來纔去得呢，還是另有船去呢？

總是八月十五日為定。若是这個船回來了，就用这回來的船去；若是沒有回來，就另造一隻去。

進貢的規矩，是幾年一回呢？

兩年一回。一年接貢，一年進貢。

進貢接貢共用幾隻船？

三隻船。進貢兩隻，接貢一隻。進貢呢，是進上的貢物、差去的官員還有學官話的人一起到中國去。接貢呢，是接皇上欽賜國王的東西，差去的官員、那些學官話的人，一起回本國來。

这裡起身[622]去，那边起身來，都有一定的時候庅？

有一定的時候。这边頭[623]一年十一月間開船過去，到那边過年七八月間開船回來。

進貢是什庅東西呢？

敝國是個窮國，沒有什庅稀［41］奇的東西，不過是硫磺、紅銅、白剛錫这三樣就是了，沒有什庅別的東西。

这裡的船到福建去，收[624]在什庅地方湾泊[625]呢？

收在南台後洲新港口[626]河下湾着。那裡有琉球公館一所，名字叫做柔遠驛。船到的時節，把那貢物、行李、官員人等都

---

[622] 起身：动身，出发。［按］福州方言词“起身”指出发作长途旅行。

[623] 这边头：这边。

[624] 收：收帆，靠岸。

[625] 湾泊：停泊。或单说“湾”。

[626] 南台后洲新港口：福州地名。

進館安歇。駛船那些人都在船上看守。撫院題本，等聖旨下來。到七八月間，这裡差去的官員收拾上京，到十二月纔會到京。上了表章，進了貢物，還要擔（耽）擱兩三個月。到來年三月時節，纔得起身囬福建。等到七八月，只留一位存留通事，跟隨幾個人，在那裡看守館驛。其餘各官人等，都上接貢船囬國。讀書學官話那些人愛[627]囬來不愛回來，这個都隨他的便，是不拘的。

差去進貢的官員是什庅職分呢？

耳目官、正議大夫、北京都通事，以下還有過海都通事、存留通事、大文小文这些官員人役。

通船[628]共有多少人呢？

官伴水梢[629]，共有一百多人。

26.

我們旧年被風[630]的時節，在洋裡飄流，差［42］不多要到这裡，看見好幾個島子，也不曉得那島子裡頭有人家住沒有，也是貴國所管的庅？

遠不遠呢？

也不當[631]遠，大約有半天路的，也有一兩天路的。

想必都是这裡所管的地方。

我聽見說，當日这裡有三王，南有南山王，北有北山王，

---

[627] 爱：欲，要。参见注[138]［按］。
[628] 通船：全船。
[629] 官伴水梢：船上各色人等，官员及其随从，以及水手艄公。
[630] 被风：遭遇风浪。
[631] 不当：不很。

这裡呌做中山王，後來都歸中山，就是如今的王爺。週圍所管的共有三十六島。这話是真的庅？

真真[632]是这樣的。

貴國進貢是從那（哪）一朝纔起[633]的呢？

敝國進貢是從唐朝起的。貴國有飄風來的人，我們琉球都呌他们爲唐人。

怪道这裡人呌我們是唐山人，原来是这個緣故庅？

那時候我們敝國的人從沒有見聖人的教化，也沒有聽見聖人的道理。中國的礼數全全[634]不曉得。我們國王差幾十個人到中國去學。後來到洪武二十五年間，皇上撥閩人三十六姓來這裡教導；到萬曆年間又撥閩人六姓也到这裡來教導，中國的礼數纔畧畧曉得一點。

你們的王府在那（哪）裡呢？

在［43］首里府。

前日我們到那边去玩要，望見那霸港口。林通事說，贡船就在那條港裡湾泊[635]。

正是。

这那霸港口也是首里府所管的庅？

不是，是那霸府管的。

通事貴居在那（哪）一府呢？

敝居在久米府。

首里府的人，也會講官話庅？

---

[632] 真真：确实。参见注③［按］。

[633] 起：开始。

[634] 全全：完全。

[635] 湾泊：停泊。

不會。

他怎広不學官話呢？

首里府的人就像中國的滿洲人一樣，他不做通事，所以不學官話。久米府的人就是明朝裡發來四十二姓的人，就像你中國漢人一樣。凡有中國飄來的船，替[636]那到中國進貢的船，都是用久米府的人做通事，所以要學官話，纔會替國王辦得事情。

27.

这裡去中國，要什広風纔是順風？

这裡去福建，要東北風纔是順風，去浙江地方要東南風纔是順風，路遠一些。総要正東、東南、東北这三面風纔好走。

十一二月東風狠少，貢船怎広去得呢？

敝國的風替[637]貴國的風有些不同。到隆冬的時候，東風很多，你們大家放心。

幾天会到得福建呢？

有好順風，五六天［44］可以到得。沒有好順風，这就論不得了。海洋事情不可測度的。當日[638]康熙二十二年，皇上差一位姓汪的、一位姓林的兩位大人過來封王。在福建椗海[639]地方開船，只三天三夜就到这裡。大家驚怪說，從來沒有这広快的，这都是聖天子的洪福，神明的護助，纔有这樣快的，不是

[636] 替：与。

[637] 替：与。

[638] 当日：当年。

[639] 椗海：定海。地名，在福建省连江县，地处闽江口北岸黄岐半岛的西南突出部。

我們人力會做得來的。

这一路上有地方可收[640]得庅?

有。

有什庅地方?

在那霸港開船，收馬齒山。馬齒山的柴火狠便[641]，到那裡備辦了柴火，然後開船，過馬齒山去，還有古米山[642]可收。再過古米山去，進了大洋，就沒有地方可收了。路上还有四個小島子，也沒有抛椗灣船[643]的地方，只等望見那福建的山頭，纔收進五虎門去了。

28.

通事請茶!

不喫茶了。

天時熱得狠，把衣裳脫吊（掉）凉快凉快。

凉久了，回去罷。

再坐坐講講去。

我館裡還有事情要去料理，等有閑的時節再來敘敘。你們须（需）要時時刻刻看守朱三官，他的病勢狠重，若是危急了，就差［45］水夫来也好，叫看门的人来也好。快快報给我知道，我好赶来看他。

呵，晓得，不送了。

朱三官的衣裳都在那裡，拿出来预備好好的。若有不虞的

---

[640] 收：靠岸停泊。

[641] 狠便：很容易获得。

[642] 古米山：京都大学藏写本作“姑米山”。又作“久米山”。福州方言“古、姑、久”都读作［ku］。

[643] 抛椗湾船：抛锚停泊。椗：锚。湾：停泊。

事，那时候手忙脚乱擔悮了他终身之事。

水夫，朱三官沒幹了[644]，快去请通事来。

通事请坐。

呵，有坐。他不好了庅？

不好了。

嗳，可怜可怜！你们快寫一張報故的呈子，我去報知老爺，奏明國王知道，好去傜辦棺材衣衾、殯殮埋葬的事情。

呈子該怎樣寫，求通事教導。

也沒有别的意思，只是这樣說：他的病是幾時起的，蒙这裡老爺怎庅樣請醫生替他調治，総不見效，某月某日死了。求老爺奏明王爺，可憐中國異鄉人，賜下棺木埋瘞，感恩不尽的意思。就是这樣寫去就是了。

29.

具呈難人瞿張順，爲据實報明，更乞憐憫，事切。順船上水手朱三官，因去歲在洋被風，艱苦受驚，染成癆症。今年三月間，在奇界島内吐血數次，奈無醫生藥治。四月初七日到運天港，蒙該地老爺［46］延請醫生藥治，未見稍愈。本月十七日送至泊村，又蒙本地老爺賜下兩位醫生，效脉[645]服藥，並賜人参調治。奈因病根太深，不能見效，不幸於七月初七日酉時身亡。懇乞老爺更加哀憐，

[644] 没干了：没用了，不行了。

[645] 效脉：号脉。［按］福州方言“效”字音［hau^6］，与官话“号”字音相似。

奏知王爺，賜棺收殮，庶免屍骸暴露。擇地埋塟，得安魂魄於泉下。順等不勝急切待命之至。上呈。

通事你看看，就是这樣罷。

寫完了庅，我拿去送給老爺。各位請了，我去就來。

30.

我們老爺說，朱三官死了，棺木埋塟的事都是我們替他偹辦，你們不必心焦。還問你們幾時殯殮他。

如今天時炎熱，明日一天辦得及庅？

大約一天也辦得及。

若辦得及就是明日殯殮他罷了。目下熱得狠，放在家裡不便。

既是这樣，我去囬老爺去。

通事怎庅就囬來了？

我纔先[646]去得忙了，忘記一件事情。老爺還問，他死了穿的衣裳有沒有，好做些衣裳給他。

他隨身穿的還有，都給他穿了，多謝老爺費心，不消做了。

我想［47］老爺特意叫我來問，你說不消，老爺断然不肯。我去回覆老爺，做一件送來，好不好呢？

这個任憑尊意，只是我們過意不去。

說那（哪）裡話，我就是这樣回老爺去。夜深了，明日

---

[646] 才先：刚才。［按］福州方言词“头先”：刚才。

再來。

有勞通事，心實不安。

好說，請了。

31.

今日我們國王發下祭禮，差官來祭奠，先来報給你們知道。

这個如何使得？他是白身[647]的人，怎庅受得國王的祭？求通事囬明老爺，奏明國王，說他不敢當这樣大禮纔好。

这個怎庅會辭得呢？

他既死了，也要吽他魂靈得安。如今王爺差官來祭，就是王爺親自來祭一樣，他是白身人，怎庅得安呢？他不得安，怎庅敢饗[648]呢？这樣的辞謝就是了。

我的愚見，不要吽官來，单把礼物收下，你們自己祭他好不好呢？

这樣還好。

既是这樣好，我去替你們辭吊（掉）。

多劳多劳，感謝不盡了。

我替你們辭吊（掉）了，就是照这樣的。在这裡照顧你們的老爺也要來上祭。

这個也要借重通事，替我們辭他纔好。

我都辞［48］過了，老爺不肯，還要去到那埋塟的所在，

---

[647] 白身：没有功名、官职。

[648] 飨：接受祭奠。

看着下土。等老爺來，你們自己辞他罷。

我們講話，老爺不懂，還要借重通事替我轉言。

自然自然。我看天天到这裡來、那學官話的人好幾個在那边偹辦香燭、東西，想必要到这裡來燒紙。他們怎庅都知道？

我也不曉得他怎樣都知道。

32.

各位先生都請坐！

呵，那位有病的老兄不在了庅？

不在了。

可怜可怜！什庅時候棄世呢？

昨日酉時沒有了。

我們衆人偹辦些香燭薄礼，到这裡祭吊他。

承各位先生这樣費心多情，真真使弟們感念不盡。

33.

朱三官的棺木如今埋塟好了。老爺吗我來问，这些殯塟的事情，你們意下，好不好呢？

这樣狠好不過，那（哪）有不好之處。多謝老爺並通事執事人等費心！我們还有一張道謝的呈子。寫得不明處的狠多，求通事看看，改正改正，轉稟老爺台下。甚是感謝。

好說，想來你們做的，沒有個不明白；就有不明白，我也不會改。满[649]拿［49］來給我看一看是怎庅樣寫的。

呈難人瞿張順為生死感德事，切。

---

[649] 满：姑且。参见注[110]［按］。

水手朱三官病時，蒙賜醫生藥治，不能見愈。於本月初七日酉時身亡，又蒙賜衣衾、棺木、祭禮、铭旌、竹籬範圍等項。似此哀憐於生前，周恤於死後，真所謂父母之恩，昊天罔極。不惟朱某啣結莫報，即順等亦感激靡涯矣。謹此叩謝。老爺奕世[650]腰金，萬代簪纓。切呈。

就这樣狠好，我替你們送給老爺去。

34.

各位先生怎庅來得这樣齊？

今日中秋佳節，弟們恐怕兄們这裡冷淡，大家相約，倆點薄酒，來這裡和兄們大家解些愁悶，也好賞月玩耍。

我們漂風難人有什庅好處，承各位先生屢次這樣多情，我們真真感激不尽了。

这個酒薄得狠，不當[651]好喫，請喫一杯，我們心裡也快活。

这個酒狠好不過的，我們喫都醉了。

那（哪）裡話，纔纔[652]動杯，怎庅說喫醉的話？想必做客[653]了。

不是做客，小弟量淺，實在不会[654]喫了。

---

[650] 奕世：世世代代。

[651] 不当：不很。

[652] 才才：刚刚。参见注[460]［按］。

[653] 做客：客气。

[654] 不会：不能。

先生只管放［50］心，滿[655]喫不打緊。

怎庅講不打緊？

这個酒是敝國有名的，呌做太平酒。怎庅叫做太平酒呢？不論喫多少不会醉人，故此[656]呌做太平酒。

老兄說的都是咲話，那（哪）裡酒有個不會醉人的道理。

這菜煮得不好，沒有味道，請喫一點送酒。

这菜煮得狠有味道，好喫不過。

老兄既不喫酒，也不喫菜庅？

好，喫菜多了。

酒既不喫，菜要多喫一些纔是。

呵，曉得，这个沒有不從命的。你看林通事在外面，快請他進來喫兩杯酒。

35.

通事請進來坐坐罷！

我不進去。

進來喫一杯酒何妨？

多謝，我那邊還有些小事，不得閑。

豈有此理，既然那边有事，就不該到这裡來；既然这裡來，看見我們喫酒就推辞那边有事，这分明是見棄的話，不愛

[655] 满：不妨，尽管。参见注[110]［按］。
[656] 故此：所以。参见注[169]［按］。

替[657]我們大家一堆[658]喫就是了。

兄們不要見怪，我解解手就來。

通事快些來，弟在这裡等着。

列位請坐请坐，不要動身。

通事这邊坐罷！

我就在这边坐好。

通事先罰三杯！

做甚庅[659]［51］罰我？

我講來大家公論一論，該罰就罰，不該罰就罷了。請問通事，你替[660]我相與，是怎庅樣的？

你替我自然是好相與了。

既是好相與，就要同心纔是，怎庅見我們喫酒就不進來？我們去請，又推辭那邊有事，該罰不該罰？請各位先生公論一論。

這自然該罰！

如今各位都說該罰，通事怎庅說？

弟得罪的緊，願罰願罰。

36.

通事到这裡又是一個月了，今日可囬府庅？

---

[657] 替：与。

[658] 一堆：一起，一齐。

[659] 做甚么：为什么。参见注[42]［按］。

[660] 替：与。

今日不得囬去。剛纔鄭通事有信來，說他这幾天有病，不得來換。

有什庅病呢？

聽見說是瀉肚，要換一位姓梁的來替我，不知道是明日來後日來。等他来了，弟纔得囬去。

我们带累通事在這里日夜費心，不得囬家安歇，怎生報答得了。

今日承各位先生盛情，辦這樣盛席請我，狠多謝了。小弟借花獻佛，奉敬一杯，聊表小弟一點芹心。

好說。弟酒量有限，喫不去[661]了。

通事海量，再喫兩杯不妨！

實在喫不去了。

37.

阮先生，定菴鄭先生令祖母的病好［52］了沒有？

已經死了一個月了，先生還不知道庅？

不曉得，他令祖母病的時候，我們沒有去請安；如今死了，沒有去吊紙，有罪得狠！借重阮先生，若是見着鄭先生，替我道罪一聲。

呵，我見着他，替先生講。各位再請幾杯！大家行個酒令，猜猜拳，大家喫個盡醉罢！

酒多了，大家都醉了。實在喫不得了，把這些杯盤傢伙收起罷。我們一點也喫不下了。

---

[661] 吃不去：吃不下，吃不了。参见注[367]［按］。

我也講過，這酒是太平酒，不會醉人的。酒是薄的，又沒有好菜。兄们既不肯喫，弟也不敢相強。就这裡收拾回去罢了。

呵，请了，回去了。

再坐一会，喫杯茶去。

天黑了，不喫茶，請了！多谢先生的高情！

好说，沒有什広好东東西奉敬，怠慢得紧，不要見怪。

岂敢，這话從那（哪）裡説起。不消送，請留步。

那（哪）有不送的禮（理）。

不要拘，兩便罢了。

呵，從命了，各位請了。

38.

先生請坐。

呵，有坐。

你们是蕪州人広？

正是。

那（哪）一位是船主呢？

就是小弟。

貴姓張広？

呵，賤姓張。先生怎［53］広曉得弟的賤姓？

我聽見林通事講。

先生貴姓？

賤姓梁。

前日聽見林通事講，如今輪着鄭通事來替換。他因偶然得病，來不得，換一位梁先生來替他做通事，可就是尊駕広？

就是小弟。

我們老爺吩咐一件事情，借重船主，講給他們知道。不要去外頭乱走，牆頭上也不要望外頭張望。这裡百姓不曉得什庅礼数，恐怕得罪你們。給國王知道，我們就不便了。这裡地方，毒蛇很多，若是給他咬了，立刻就死，有藥也不会救得來。各位小心要緊。

請問通事，我們從到这裡，四圍打这悶多[662]的窩鋪[663]，日夜看守，是為什庅事呢？

这個是我們敝國的法度。因為这裡不通買賣，恐怕有匪類的人來这裡作怪，又恐怕歺（歹）人偷東西，所以打这個窩鋪，撥人日夜看守，輪流防備。

前日鄭通事講，今年進貢的船要等去中國的船回來，就用这個船去，還要等到八月十五以後。若是不囬來，另造一隻纔得去。如今这船不見囬來，再過些［54］時，南風少了，料想這船今年不会囬來了，不知道幾時纔得興工另造。

这也定不得。船在福建總要西南風纔得囬來。如今的西南風狠少，他們把船駛到浙江地方，等西北風就要到十一月十二月纔得囬來。这是不可知的事。只是進貢的限期是十一二月裡起身，这是改不得的。恐怕这船回來遲了，擔（耽）误進貢日期，故此[664]要等到八月十五，不見回來，纔另造一隻去。

如今八月十五已過了，還不知道是幾時纔興工哩？

---

[662] 这闷多：这么多。参见注[526]［按］。

[663] 窝铺：临时支搭的哨所。

[664] 故此：因此。参见注[169]［按］。

木料東西都便[665]了，還沒有揀個好日子，大約要在月尾[666]月初的光景。

……那邊住的，想是福建的人庅？

正是。

弟還沒有見他，要到那邊去拜望，暫且告別。

請了，弟失送了。

39.

通事來了，好得狠。今日風雨大得緊，房子就要吹倒，怎庅好呢？

現今風雨大作，也沒處[667]動手犂正。各位兄們不如暫到我那裡去躲躲。

这樣狠好。

如今天時好了，我們回去罷。在这裡打攪通事，遭（糟）蹋房主，不便得狠。

你們那邊住的［55］房子，那些籬笆都刮壞了。再住兩三天，等修拾[668]好了，纔可回去罷。

你們都過來了庅？

都過來了。

---

[665] 便：备好。参见注㉒［按］。

[666] 月尾：月底。参见注㊹［按］。

[667] 没处：没办法。

[668] 修拾：收拾，修理。参见注[209]［按］。

你們查查東西，有甚庅不在，我好去替你尋尋。

都在，沒有一件少得。

如今天時冷了，國王差官來問你們有冬衣沒有，好做些来送你們穿。

只有幾個沒有冬衣，不好開口。

这個不妨，那（哪）個沒有，開个名字出來，我去稟報老爺，啓奏國王，做來送你。

40.

今日重陽，請各位出去登高玩耍，散散悶也好，你們去不去呢?

去。通事你看那邊洋面來了兩隻大船，是什庅船?

呀，好像接貢船囬來了。再停一會，看他放砲不放砲?

好了[669]，停一会看看。

你看船上起烟，是放砲了，當真接貢船囬來了！恭喜，恭喜！

如今接貢船既囬來，聽見那霸造新船又動工了，還是用接貢的船去，還是等那新船去呢?

這也不曉得。以理論來，既然動工，那（哪）有半途而廢的道理，大約還是要造起新船來去哩。天要黑了，你們大家囬館去罢。

通事，請［56］進喫烟再去。

多謝多谢，天要黑了，我不進去。請了。

豈敢，通事劳駕了。

---

[669] 好了：好的。

41.

各位兄們恭喜了！

有什庅喜？

國王進貢的表文下來了，你們豆子也搬上船了，請各位明日就要上船。今日特來替你們講一聲，先把鋪蓋行李收拾明白，省得臨起身⑹時慌慌忙忙。

曉得了。

……

衆位先生今日怎庅這樣早來？

聽見兄们今日要囬國，特來親送上船。

多谢多谢！

你們衆位都喫了飯庅？

喫了。

通事請坐！

呵，告坐了。你們各位都喫飯了沒有？

用過了。

收拾起身罢！

我們还有一張謝恩的呈子，煩勞通事轉稟老爺：說我們漂來一年，蒙王爺、各位老爺的恩德，費各位通事並衆位執事人等的情義，感念不忘，這是說不盡的。

好說，弟們愚蠢，替你們做通事，前後照顧，恐怕有效力不周之處，包涵包涵！

鄭先生同列位先生，我們上船以後，若是还沒有開船，千

⑹ 起身：动身。参见注⑫［按］。

萬來船上玩玩。

呵，这是自然來拜望。

42.

通事與先生看看这［57］張呈子，有不着[671]處，替弟改一改。

具呈難人瞿張順等，為屢蒙柔恤遠人得所事，切。

天災流行，人生之遭際亦所時有。拯民水火，登之於衽席，必待深仁。順等因為名利所牽，駕扁舟而貨殖他鄉。不意塗遇颶風，隨波濤而任其飄流。幸邀天眷，指引生路，於去歲十一月二十九日漂至貴國屬地大島之内。蒙該地老爺查驗順船尚可修理，命工匠，庀[672]材物，代為補葺殘缺。更賜日用飲食。今歲二月二十日遣數小舟送出港口。開船放洋，辭貴土而言歸；揚帆萬里，望故鄉而奔波。此順等受柔恤之恩也。

詎意時乖運蹇，颶風又作，不能前進。無奈復回，於本月二十一日收至貴國屬地奇界島内。順等兩番遇難，船已傷損不堪。地方老爺又欲爲之修理。順等自覺不堪修理，遂求燒化，將順等送至王都，以作歸家之計。乃因船隻不便，難以相送，又蒙起蓋房屋賞給順等居住。朝夕費用，餽送不絶。候至三月二［58］十三日，始上寶島船隻，以為得至王都，庶隨接貢之艘，托聖主之福，不数日可得歸鄉矣。此順等再受柔恤之恩也。

---

[671] 不着：不对，不正确。参见注[199]［按］。

[672] 庀：备齐。

不意登舟以後，又無順風，遲至四月初四日，始到運天港内。問接貢舡而接貢舡已開，問護送船而護送舡又去。順等命運之乖蹇，因此而益見；而王爺恩澤之浩蕩，更由是而难名也。自運天來泊村，建造廣廈以安身，俟隨貢艘以還鄉。病者命醫藥治，死者賜棺衾埋塟。夏無衣則賜衣以蔽體，冬無衣則賜裳以禦寒。似此深恩，赤體號寒之苦，可以無虞，舉九日用之所需者，淹畱數月並無一時之或缺。如此委曲周全，垂憐遠人[673]，真所謂父母之德，昊天罔極。順等何日忘之而又將何以報之也乎？此順等三受柔恤之恩也。

今貢艘將開，蒙送還鄉。俟開洋之日，風伯効靈，舟行如飛，不數日得至中國。雖云托上天眷顧，寳皆赖國王之洪福也。順等蒙此覆載之恩，再生之德。問之於心，時刻难忘；欲要圖報，莫能萬[674]一。惟有焚香頂祝，望闕跪拜。愿王爷世世子孫享無疆之福矣。筆不尽言，言不尽意。谨此叩谢，聊表寸心。须至呈者。

乾隆十五年十二月　日，具禀难民瞿张顺等

[673] 原本作“隣”，据京都大学藏写本改为“憐”。

[674] 万：“万”字以下部分据京都大学藏写本补足。

索　　引

E

F

G

J

K

L

Q

R

S

X

Y

Z